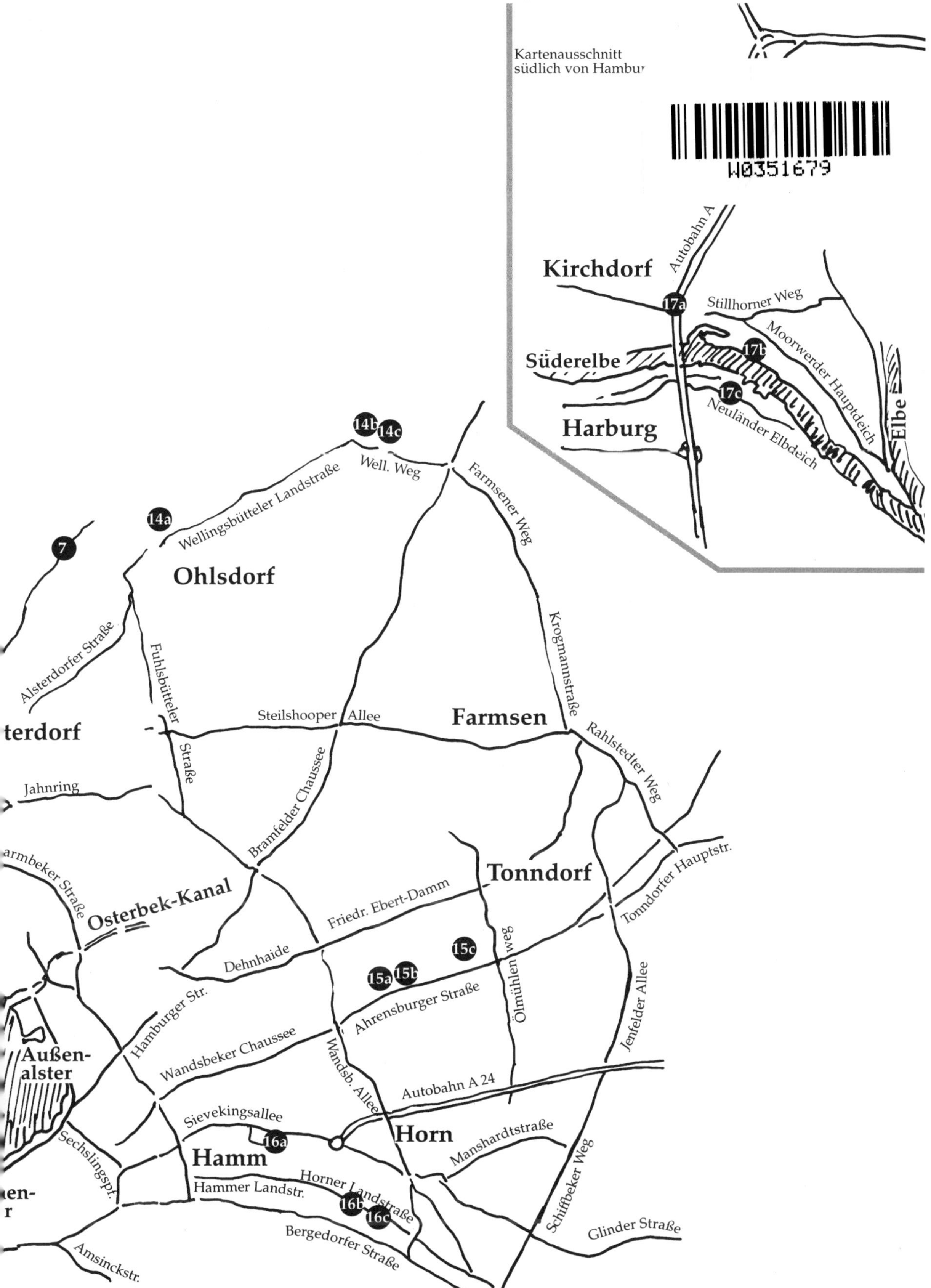
Kartenausschnitt
südlich von Hambu
Kirchdorf
Autobahn A
Stillhorner Weg
17a
17b
17c
Süderelbe
Moorwerder Hauptdeich
Harburg
Neuländer Elbdeich
Elbe
14b
14c
14a
7
Well. Weg
Wellingsbütteler Landstraße
Farmsener Weg
Ohlsdorf
Krogmannstraße
Alsterdorfer Straße
Fuhlsbütteler
Straße
Steilshooper
Allee
Farmsen
terdorf
Rahlstedter Weg
Jahnring
Bramfelder Chaussee
armbeker Straße
Tonndorf
Osterbek-Kanal
Tonndorfer Hauptstr.
Friedr. Ebert-Damm
Dehnhaide
15c
15a
15b
Ölmühlen weg
Jenfelder Allee
Hamburger Str.
Ahrensburger Straße
Außen-
alster
Wandsbeker Chaussee
Wandsb. Allee
Autobahn A 24
Sievekingsallee
Horn
Manshardtstraße
16a
Hamm
Sechslingspf.
Schiffbeker Weg
Hammer Landstr.
Horner Landstraße
16b
16c
en-
r
Glinder Straße
Bergedorfer Straße
Amsinckstr.

Hamburger Bäume
Zeitzeugen der Stadtgeschichte

Selbstverlag Harald Vieth
Hamburg

Für
• Cosima und Julian, die meine Schreibtischarbeit
so geduldig ertrugen,
• alle Baumfreundinnen und Baumfreunde
in nah und fern,
• und natürlich für alle Bäume, denen wir Menschen
es weltweit so unendlich schwer machen,
ihr eigenes Leben zu
führen

Harald Vieth

Hamburger Bäume

Zeitzeugen der Stadtgeschichte

Hamburgs alte, bemerkenswerte
und geschichtsträchtige Bäume berichten
von sich und der
Hansestadt

Selbstverlag Harald Vieth
Hamburg 1995

Dieses Buch ist für DM 42,–
(ggf. zzgl. DM 3 für Porto/Verpackung) erhältlich bei:
H. Vieth, Hallerstraße 8 II,
20146 Hamburg, Tel. 040/45 21 09

ISBN: 3-930 961-95-4
Selbstverlag Harald Vieth, Hamburg
Fotos Titelseite: Mitte: Geert Lehmann (s. Kap.14c), unten: Geert Lehmann (s. Kap. 14b), oben: Harald Vieth (s. Kap. 2b)
Foto Rückseite: Günther H. Schlegel (s. Kap. 12d)
Satz: Input-Verlag, 22567 Hamburg
Scans und DTP-Belichtung: Connect, 20459 Hamburg
Papier: chlorfrei gebleicht und säurefrei hergestellt
Druck: Clausen & Bosse, 25917 Leck

Inhaltsverzeichnis

Liebe Leserinnen und Leser!

Vorwort

In diesem Buch werden Hamburgs schönste, älteste und damit geschichtsträchtige Bäume beschrieben, und zwar 70 Baum-Individuen und 25 Baumarten.

Das Buch will Sie erfreuen. Es soll Ihnen jedoch keine heile Umwelt vorgaukeln. Denn heil ist sie absolut nicht - auch wenn die Bäume so schön grün sind....

Vielleicht kann die Freude an den Bäumen dieser Stadt aber ein wenig motivieren, mehr für sie und für unsere Umwelt zu tun.

Und wenn der Spruch zutrifft „Was man nicht kennt, das schätzt man nicht, und was man nicht schätzt, das schützt man nicht", dann ist es nur folgerichtig, die besonders bemerkenswerten Hamburger Bäume näher kennenzulernen.

Dieses Buch gibt Ihnen die Gelegenheit, auf siebzehn Rundgängen insgesamt siebzig Baumindividuen und fünfundzwanzig verschiedene Baumarten kennenzulernen.

Je nach Wunsch und nach Ihren Fortbewegungsmöglichkeiten können Sie natürlich auch mehrere Rundgänge miteinander kombinieren.

Bäume können wie Schlüssel sein

Die vorgestellten Bäume sind nicht nur schön oder eindrucksvoll, sondern gleichzeitig Zeitzeugen für ihre unmittelbare Umgebung. Bäume können wie Schlüssel sein: Sie verschaffen uns Zugang zu bislang fremden gesichtslosen Straßen oder Plätzen. Sie machen uns durch ihre Geschichte die Stadt, in der wir leben, vertrauter. Sie öffnen uns durch ihre Schönheit die Augen und zeigen uns, was Menschen in ihrer Umgebung im Laufe der Geschichte bewegte.

Sie haben kein Baumbestimmungsbuch vor sich. Aber es kann Ihnen helfen, einen erheblichen Teil der auf Hamburger Gebiet vorkommenden Baumarten kennenzulernen. Sie werden wahrscheinlich mit offeneren Augen als bisher Bäume wahrnehmen und manche Baumart in dem Stadtteil, in dem Sie arbeiten oder wohnen, wiederfinden oder neu für sich entdecken.

Der vorliegende Band erhebt keinen Anspruch auf Vollständigkeit. Etliche interessante Hamburger Bäume sind darin noch nicht enthalten. Ergänzungen, Hinweise auf weitere besonders

Echo und Kritik zu diesem Buch sind erwünscht und willkommen

alte oder geschichtsträchtige Bäume und natürlich Kritik sind willkommen.

Ich wünsche Ihnen viel Freude beim Erkunden unserer Hamburger Bäume. Ich denke, Sie werden überrascht sein, wie viele bemerkenswerte Baum-Persönlichkeiten Hamburg zu bieten hat und was sie uns über die Geschichte der Hansestadt zu berichten wissen!

Einleitung

Ist die Umwelt noch zu retten?

Auch wenn wir es nicht mehr hören mögen, die triste Umweltsituation lieber schönreden oder ganz verdrängen wollen, so bleibt es dennoch Realität: die Umweltzerstörung ist zur „Weltproblematik" geworden. Ihre Stichworte – so die neueste Studie des Club of Rome –: ungezügeltes Wirtschaftswachstum, Ozonschichtzerstörung, Treibhauseffekt, Ausbeutung knapper unwiederbringbarer Rohstoffe, Verseuchung von Böden, Luft und Wasser.

Auch *wir* sind Mitverursacher dieser lebensbedrohlichen Situation. Der Verbrauch, richtiger gesagt, die Verschwendung von Energie und Rohstoffen der Industrieländer übertrifft den der Entwicklungsländer um ein Zigfaches. Durch unsere Industrie, landwirtschaftliche Produktion und unseren Lebensstil vergiften wir den gesamten Erdball.

Dazu stellt die Unced (Uno-Konferenz für Umwelt und Entwicklung) fest: „Es ist klar, daß der gegenwärtige Lebensstil und die Konsumgewohnheiten..., die verbunden sind mit hoher Fleischzufuhr, dem Verzehr großer Mengen gefrorener und Bequemlichkeitsnahrung, Besitz von Automobilen, zahlreichen elektrischen Hausgeräten, Aircondition zu Hause und am Arbeitsplatz, weite Flugreisen, raumfressende Stadtrandbesiedelung, motorisierten Verkehr und Shopping, nicht tragfähig sind".

Die obige Aufzählung gibt uns zu denken - vielleicht. Durch sie wird offensichtlich, daß eine ökologische(re) Gesellschaft tiefe Einschnitte in unser aller Lebensstil erfordert.

Unser Wirtschaftssystem führt einen gnadenlosen Krieg gegen die Natur

Das Wirtschaftssystem des real existierenden Sozialismus hat versagt und der Natur gigantische Schäden zugefügt. Aber auch unser Wirtschaftssystem führt einen gnadenlosen Krieg gegen die Natur. Es wird sich nicht um die verheerenden Langzeitfolgen seines Tuns kümmern. Die Politiker/innen dulden derweil die unaufhaltsame Vergiftung unserer Umwelt. Folglich schreitet die Umweltzerstörung weltweit mit Riesenschritten voran. Umweltschutzmaßnahmen trippeln dagegen mit kleinen Schritt-

So leben wir…

Eine gewaltige Herausforderung …

chen weit abgeschlagen und hoffnungslos hinterher.

Mit bisherigen Ausgleichsmaßnahmen und anderen Trostpflästerchen ist es nicht mehr getan. Umdenken ist das Gebot für alle.

Die Grundbedürfnisse sind bei einem großen Teil der Bevölkerung in den Industriestaaten gedeckt. Es ist daher absolut unverantwortlich, nach überkommener Volkswirtschafts-Ideologie neue Bedürfnisse zu wecken, z.B. durch Werbung.

Zusätzlich ist noch die soziale Krise zu bewältigen. Im Weltmaßstab ist es die ungerechte Verteilung der Güter, Stichwort „reicher Norden – armer Süden". In Deutschland harren Probleme wie die ungleiche Verteilung des Reichtums, die Arbeitslosigkeit bzw. Umverteilung der vorhandenen Arbeit und die Folgen der ungünstigen Altersstruktur auf eine Lösung.

Wahrhaftig eine gewaltige Herausforderung.

Vorschläge und Denkmodelle für ökologischeres und gerechteres Wirtschaften gibt es jedoch genug.

Vieles davon mag idealistisch oder utopisch klingen. Wenn wir uns aber darüber im klaren sind, daß nicht nur die meisten Rohstoffe, sondern auch reine Luft, sauberes Wasser und fruchtbare Erde immer knapper werden, dann erkennen wir: es MUSS sich dringend und einschneidend etwas ändern.

Interessante Anregungen und bedenkenswerte Ratschläge finden wir in dem Buch „Öko-Psychologie. Der entwurzelte

Mensch und der Ruf der Erde“ von Th. Roszak.

Darin fordert er u.a. eine ethische Verantwortung nicht nur dem Menschen sondern dem gesamten Planeten gegenüber sowie eine Überprüfung und Neubewertung gewisser *männlicher* Charakterzüge, die unsere politischen Machtstrukturen durchdringen. Diese treiben uns dazu, die Natur zu unterwerfen und rücksichtslos auszubeuten.

Hier wäre hinzuzufügen, daß es insbesondere die männliche Aggressivität ist, die zahllose Kriege weltweit verursacht. In ihnen sterben und leiden sehr häufig Frauen, Kinder, Zivilisten und – das wird meist noch nicht einmal wahrgenommen - *immer* die *Natur*, Lebensgrundlage der Menschen.

Noch gibt es Hoffnung. Nutzen wir die wenigen Minuten, die uns bis „12 Uhr“ bleiben!

Gelingt es nicht, radikale Veränderungen und grundsätzlich neue Ideen in Wirtschaft, Politik und bei uns selbst umzusetzen, dann werden die Skeptiker recht behalten, wie u.a. der konservative ökologische Vordenker Herbert Gruhl, der bereits vor 20 Jahren die Auffassung vertrat, daß die menschliche Gattung am Ende mit ihrer Weisheit sei. Dann wäre dem Titel eines seiner Bücher auch nichts mehr hinzuzufügen. Er lautet: „Himmelfahrt ins Nichts“.

Menschen und Bäume

Bäume sind die größten Lebewesen dieser Erde

Bäume sind die größten Lebewesen dieser Erde. Vielleicht haben sie deshalb für die Menschen schon immer nicht nur wirtschaftlich eine besondere Bedeutung gehabt.

Viele Völker besaßen zu allen Zeiten ein ausgeprägtes Baumbewußtsein. In zahlreichen Regionen war der einzelne alte Baum heilig.

Und es waren immer ganz unterschiedliche Baumarten, zu denen Menschen innige Verbindungen hatten.

Beispielsweise spielte die Zeder in verschiedenen Kulturen, sei es im Gilgamesch-Epos 2000 Jahre vor Christi oder als Totempfahl bei den Ureinwohnern Nordamerikas eine wichtige Rolle. Auch in der heutigen Flagge des Libanons steht sie im Mittelpunkt.

Buddah's Lieblingsbaum war der Feigenbaum, unter dem er

Bäume sind unsere Wegbegleiter, Zeugen unserer Geschichte

geboren und erleuchtet wurde. Mit der Eiche war der Gott Zeus, mit dem Nußbaum Artemis verbunden. Der Baobab mit seinem gewaltigen Stammumfang gilt bei den Swahili in Ostafrika als Sitz der Geister und ist in vielen afrikanischen Regionen ein Baum, um den sich zahlreiche Legenden ranken.

Die Druiden, keltische Priester, lehrten in heiligen Eichenhainen. Eines der berühmtesten Orakel Griechenlands war die Eiche von Dodona. Für die Scharmanen Nord- und Osteuropas waren die Birken heilig.

Bei zahlreichen Völkern symbolisieren immergrüne Nadelbäume wie Eiben, Tannen und Zypressen ewiges Leben, darum werden diese Baumarten so gern auf Friedhöfen angepflanzt.

In der germanischen Mythologie stand der Baum für die Welt und das Leben. Die Weltesche Yggdrasil steht in der norddeutschen Mythologie als ein erhabener immergrüner Baum im Weltmittelpunkt.

Bei uns waren und sind Bäume in vielfacher Weise mit Sitten und Gebräuchen verbunden: Früher z.B. als Gerichts- und Tanzbäume, heute als Weihnachts-, Mai- und Richtbäume.

Zahlreiche Dichter, Sänger und Maler haben die Schönheit, die Kraft oder die Ausdauer von Bäumen gefeiert.

In den unterschiedlichsten Lebensbereichen der Menschen ist der Baum auch heute noch ein höchst aktuelles Thema: Vom allegorischen riesigen Banyanbaum, dem „Alleinherrscher“, in Salman Rushdies weltbekannten Roman „Die satanischen Verse“ bis zum Lied von Alexandra „Mein Freund der Baum“, das in den 60er Jahren viele Menschen anrührte.

Ja, Bäume beeindrucken uns Menschen zutiefst. Wir spüren, daß sie etwas Besonderes darstellen. Ihr Anblick tut uns wohl, stimmt uns freundlich oder gar heiter.

Bäume wachsen bedächtig, sind unsere Wegbegleiter, Zeugen unseres Lebens und unserer Geschichte. Sie zeigen uns, wie man unbeirrbar, ruhig und ohne Hektik in Würde ein hohes Alter erreicht. Gerade in der heutigen Zeit mit ihren zahlreichen Umweltproblemen, der ungewissen Zukunft und einer diffusen Umbruchsituation strahlen Bäume etwas Beruhigendes, Geborgenheit, Zuversicht und Trost aus.

Die bereits angesprochene Öko-Psychologie geht davon aus, daß wir die Natur sinnlich erfahren müssen, denn eine enge

Einleitung

Dezember 1988: Beim Himmelstempel in Peking. Über eine Stunde sprach diese Chinesin mit dem großen Baum. Erzählte sie ihm ihre Sorgen und Nöte? Betete sie zu ihm? ...

Verbindung zur Natur ist ein vitales Bedürfnis des Menschen. Es wird empfohlen, z. B. einen Lieblingsbaum regelmäßig körperlich wahrzunehmen: ihn zu be-greifen, ihn zu umfassen, sich an ihn zu schmiegen, dem Baum die Nöte zu erzählen, Zwiesprache mit ihm zu halten. So kann der Mensch eine beruhigende Verwurzelung erfahren, er kann Fuß fassen, einen Halt und frische Kraft fürs Leben gewinnen.

Die Öko-Psychologie ist nun mitnichten eine Erfindung der

Bäume sind unbestechliche Indikatoren für die geschädigte Umwelt

Neuzeit, denn Menschen - etwa Ureinwohner Nordamerikas - die ein enges Verhältnis zur Natur hatten, weil sie in, von und mit ihr lebten, hatten schon vor langer Zeit weise Dinge ausgesprochen. So z.B.Tatanga Mani:

„Weißt Du, daß Bäume reden?
... sie sprechen zu Dir, wenn Du zuhörst.
Aber die weißen Menschen hören nicht zu...
Ich selbst habe viel von Bäumen erfahren:
Manchmal etwas über das Wetter,
manchmal über Tiere, und manchmal
über den großen Geist."

Für uns heißt es jetzt, unüberhörbar „Alarm!" zu schreien, denn die vergiftete Umwelt wirkt sich verheerend auf die Bäume aus.

Bäume sind sehr häufig unbestechliche Indikatoren für die geschädigte Umwelt. Sie zeigen uns ihre Leiden zunächst durch lichte Kronen, unregelmäßige Triebe, welke Blätter und stark verringertes Wachstum. Und plötzlich sind sie abgestorben, für immer.

Katastrophenmeldungen über den deutschen Wald häufen sich. Zwei von drei Bäumen gelten als geschädigt, jeder vierte ist schwerkrank.

Sogar von den Eichen, Symbol für Kraft, Robustheit und Ausdauer, sind nach neuesten Forschungen mehr als zwei Drittel krank. Davon ist ein erheblicher Teil todkrank oder im Absterben begriffen.

Sprachmanipulationen von offizieller Seite - „Waldschadensbericht" wird klammheimlich zum „Waldzustandsbericht" - sollen uns täuschen und beruhigen.

Bange Fragen, Vorstellungen voll tiefer Trauer, Horrorvisionen drängen sich auf: Wird es in wenigen Jahrzehnten in Deutschland keinen Wald mehr geben?

Erscheint die Eiche bald auf der roten Liste der aussterbenden Arten?

Können heute gepflanzte Bäume überhaupt noch 50, 100 oder mehr Jahre alt werden?

Es wird überdeutlich: Jeder bei uns wachsende über 100 Jahre alte Baum ist eine kleine Kostbarkeit mit zunehmendem Seltenheitswert.

Der „Wert“ eines Baumes

Einleitung

Abgesehen von wenigen Bäumen z.B. an Kultstätten, waren Bäume für den Menschen vor allem als Lieferant von Brenn-, Bauholz oder Früchten interessant. Besonders Brennholz war und ist wichtig, denn lange Zeit war Holz der einzige Energieträger. Selbst heutzutage trägt Feuerholz zur Weltenergieerzeugung immer noch erheblich mehr bei als die weltweit gut 420 Atomkraftwerke.

Der materielle Wert eines Baumes auf Grund seines Nutzholzes und seiner Früchte läßt sich je nach Baumart einigermaßen genau ermitteln.

Uns interessiert an dieser Stelle aber nicht so sehr der direkte, sondern der ökologische sowie ideelle Nutzen eines Baumes.

1992 veranschlagte ein indischer Wissenschaftler den Wert eines 50 Jahre alten Baumes auf mehr als 50.000 US-$, wobei der reine Holzwert nicht eingeschlossen ist. Berechnungen in Deutschland erreichen einen volkswirtschaftlichen Wert von bis zu 500.000,- DM, den ein im Wald stehender 100jähriger Baum im Laufe seines Lebens erbringt.

Welchen Nutzen hat die Natur von den Menschen?

Diese Berechnungen und Schätzungen umfassen den gesamten ökologischen Nutzen wie z.B. Erhaltung der Bodenfruchtbarkeit, Stabilisierung des Wasserhaushaltes, Produktion von Sauerstoff, Filterung von Schadstoffen aus der Luft und die Schutzfunktionen sowohl für den Menschen – z.B. Wind- und Lärmschutz - als auch für Säugetiere, Vögel und Insekten.

Der Wert eines Stadtbaumes ist schon durch seine Funktion als „Fotosynthese-Maschine“ einleuchtend. So produziert eine einzige etwa 100jährige Buche pro Jahr 4,6 t Sauerstoff und verarbeitet 6,3 t Kohlendioxid (CO_2).

Wie soll man aber darüber hinaus den ideellen Nutzen, die große Rolle gerade von Stadtbäumen als Augenweide und Quelle von Schönheit, Freude und Erholung bewerten? Dieses ist ein unmögliches Unterfangen.

Im übrigen: Könnten Bäume direkt zu uns sprechen, so würden sie vermutlich fragen:

„Die Menschen reden so gern von unserem Wert. Aber welchen Nutzen hat die Natur von den Menschen? Uns fällt dazu nichts ein. Und Ihnen?“

Dieser kalifornischen Grannenkiefer wird ein Alter von mindestens 4.500 Jahren zugeschrieben. Sie besteht aus einem abgestorbenen und einem lebenden Teil.

Mitte: Der angeblich mindestens 1.500 Jahre alte Olivenbaum in Südportugal (Pedras d'el Rei)

Unten: Ein uriger Olivenbaum im Zentrum von Palma de Mallorca. Alter: mehr als 500 Jahre

Die ältesten Bäume der Welt – uralte Bäume auch in Europa

Als erwiesen galt bisher, daß die Grannen- oder Borstenkiefer (Pinus aristata) die ältesten Lebewesen der Welt wären: 4500 - 4700 Jahre alt! Die langlebigsten von ihnen wachsen in den White Mountains in Ostkalifornien. Anfang dieses Jahres ging die sensationelle Meldung durch die Presse, daß auf der südlich von Australien gelegenen Insel Tasmanien eine Eibenart mit einem Alter von ca. 10.500 Jahren entdeckt worden sei!

Der Nordamerikanische Mammutbaum kann bis 3600 Jahre alt werden. In Shandong, China, wird einem Gingko ein Alter von 3500 Jahren nachgesagt. Auch die gewaltigen afrikanischen Baobabs (Affenbrotbaum) können gut 2000 Jahre erreichen.

Von Afrika ist es nur ein Sprung zu den Kanarischen Inseln. Auf der kleinsten, El Hierro hält der Wacholder, der weit über

Oben:
Dieser Baobab im Süden Kenias (Ukunda) hat einen Umfang von 22 m (!) bei einem geschätzten Alter von 1.500 Jahren.

Unten:
Die sagenumwobene Riesenkastanie in Hitzacker diente 1880/1890 als Tanzbaum. Ihr Alter: 300–350 Jahre.

1000 Jahre alt sein soll, den Unbilden des Wetters tapfer stand (s. Farbfoto Seite 191). Auch dem skurrilen Drachenbaum auf Teneriffa wird ein Alter von 800 - 1000 Jahren zugeschrieben.

In Europa gebührt wahrscheinlich einer 1650 Jahre alten Stieleiche in Bulgarien (Bezirk Stara Zagora) der Titel „ältester europäischer Baum". Olivenbäume können zwischen 1000 und 1500 Jahre alt werden. Im Süden Portugals (Pedras d'el Rei) wurde ein Olivenbaum von offizieller Seite sogar auf ein Alter von mehr als 1500 Jahren geschätzt.

In Deutschland gibt es mehrere über 1000 Jahre alte Baum-

Patriarchen. Unter ihnen sind besonders hervorzuheben die Dorflinde im hessischen Schenklengsfeld mit einem nachgewiesenen Alter von 1120 Jahren und die Ivenacker Eichen bei Stavenhagen in Mecklenburg-Vorpommern. Der mächtigste dieser uralten Recken wird auf 1200 Jahre geschätzt.

Rätsel gibt eine Eibe im Allgäu auf. Sie steht im Bärgründletal, 15 km von Oberstdorf entfernt. Nach einigen Quellen soll sie 600-1000 Jahre alt sein, während andere sogar ein Alter bis zu 2000 Jahren vermuten.

Zu guter Letzt sei noch auf die älteste Kastanie Deutschlands hingewiesen, zumal sie unweit von Hamburg wächst. Sie steht in Hitzacker und soll das - für eine Kastanie - biblische Alter von 300 bis 350 Jahren erreicht haben.

Für die ‚aguanos' und andere hohe Bäume sind die enormen Brettwurzeln als „Standbeine" auf armen Böden unerläßlich (Foto: 1993, Peru)

Die Situation in Hamburg

Dramatischer Überlebenskampf hanseatischer Bäume

Die Situation in Hamburg

Zwischen 1300 und 1940: Hamburger, Dänen, Franzosen und Kosaken – alle fällten Bäume.

Bereits um 1350 war ein beträchtlicher Teil der Bäume in Hamburg und der Wälder in der Umgebung abgeholzt. Große Bauprojekte wie Stadtbefestigungen, Deiche, das Rathaus, viele private Fachwerkbauten und der Schiffbau verschlangen enorme Holzmengen. Der Holzverbrauch war gewaltig, obwohl z.B. kurz vor Ausbruch der Pest im Jahre 1350 in dieser Stadt „nur" etwa 10.000 Menschen lebten.

Die Baumverluste setzten sich fort. So ließ etwa 1640 König Christian IV. von Dänemark anläßlich der Belagerung von Hamburg für die Befestigung des Lagers seiner knapp 4000 Soldaten in Fuhlsbüttel 3000 Eichen schlagen. Zwei Jahre später fällten die Dänen 1002 Eichen in Ohlsdorf und 1506 Eichen in Borstel, das heißt in zwei Jahren insgesamt rund 5500 Eichenbäume.

In nur zwei Jahren wurden 5.500 Eichen geschlagen

Eineinhalb Jahrhunderte später, am 1.1.1811, wurde Hamburg das „Département Elbmündung" und gehörte somit zum französischen Kaiserreich. Es wurde zur Festung ausgebaut.

In jenen Jahren kamen Kosaken nach Hamburg, die unter Oberst von Tettenborn Hamburg von den Franzosen befreien sollten. Sie hielten sich 1813/14 fast ein Jahr in Lokstedt auf. Dazu heißt es in der Kollauer Chronik: „Die geforderten Lieferungen an Holz... ruinierten die Bauern. Die Obstbäume wurden umgeschlagen, die Forsten zerhauen. Schließlich war kein Brett mehr auf den Böden. Selbst die Gebäude wurden zur Holzbeschaffung angegriffen."

Ebenfalls im Jahre 1813 räumten die Franzosen unter den Eichenbeständen von Borstel gewaltig auf, die für den Bau der Elbbrücke verwendet wurden. Diese - ganz aus Holz - war immerhin 4,1 km lang und verband Harburg mit dem Grasbrook.

Um gegen die Hamburg belagernden Russen ein freies Schußfeld zu haben, wurden auf Befehl des französischen Marschalls

Todesursache für Bäume: „freies Schußfeld", Bauten, Katastrophen, Bombardierungen

Davout 1813 das Dorf Hamm und die meisten Gebäude außerhalb der Stadttore dem Erdboden gleichgemacht . Ebenfalls wurden Billwerder, der Grindel und der Hamburger Berg schwer verwüstet.

Diese Jahre bedeuteten nicht nur für die Bewohner Hamburgs großes Elend und Hunger, sondern auch einen enormen Aderlaß für Hamburgs Bäume. Tausende wurden für Befestigungen, Brücken, Brennholz gefällt, zerfetzt von Geschossen oder ganz einfach abgeschlagen, weil man ein freies Schußfeld benötigte.

Aber auch Friedenszeiten bedeuteten für Hamburgs Bäume durchaus nicht „Frieden". Besonders Eichen waren jederzeit als dauerhaftes Baumaterial hochbegehrt. So wurden 1886 allein für den Rathausbau 4.000 Eichenpfähle in den sumpfigen Untergrund eingeschlagen. Auch im Hafen benötigte man im Laufe der Zeit für Uferbefestigungen, Duckdalben und Molen Tausende und aber Tausende von Eichen.

Nicht unerwähnt soll bleiben, daß Katastrophen wie der Großbrand 1842, Orkane und Überschwemmungen nicht nur das Leben vieler Menschen forderten, sondern auch das jähe Ende von zahlreichen Bäumen bedeuteten.

Selbstverständlich gab es im Laufe der Geschichte nicht nur Baumverluste. Immer wieder wurden auch Bäume gepflanzt, gehegt, gepflegt und durch Gesetze geschützt.

Dieser natürlich unvollständige Abriß der Geschichte des Überlebenskampfes Hamburger Bäume bis zum Ausbruch des 2. Weltkrieges zeigt uns deutlich, wie schwer es für jeden Hamburger Baum war zu überleben, oder gar einige Jahrhunderte alt zu werden.

Mitte dieses Jahrhunderts: Bombardierungen und kalte Nachkriegswinter

Der erste Luftangriff auf Hamburg erfolgte am 18.5.1940, der letzte im April 1945.

Am Ende des 2. Weltkrieges hatte Hamburg insgesamt 213 Luftangriffe durchgestanden. Die entsetzliche Bilanz: Etwa 45.000 Todesopfer, ca. 80% der Wohnungen waren zerstört oder beschädigt, davon die Hälfte vollkommen.

Natürlich fielen auch „nebenbei" zigtausende von Bäumen

Einer von einhunderttausend... (Foto: Juli 1943, Grindelviertel)

Die Situation in Hamburg

den Angriffen zum Opfer. Sie wurden durch den Feuersturm von orkanartiger Gewalt glatt abgedreht, verbrannten oder wurden zerfetzt.

In den Nachkriegsjahren herrschte große Not, die Winter waren insgesamt erheblich kälter als heute, Brennmaterial galt als Kostbarkeit. Verzweifelt suchten die Menschen Balken, Latten und andere brennbare Materialien in den Trümmern. Holzzäune und Parkbänke wurden abgesägt, auch Bootsstege mußten daran glauben. Besonders der Winter 1947 war lang und bitterkalt. Am 25. Februar zeigte das Thermometer ein Rekordtief von -25° C.

Bis zu 30.000 von der Kälte gebeutelte Menschen warteten an den Hamburger Zugstrecken und stürmten, oft mit Gewalt, die langsam vorbeifahrenden Kohlezüge. Familien lagen oft auch tagsüber stundenlang in den Betten, um sich gegenseitig zu wärmen. Das Bett war der einzig warme Ort in der sonst unbeheizten und eiskalten Wohnung.

Und die Bäume? Ja, sie verschwanden zu tausenden aus Parks, Grünanlagen und von den Straßen. Ganze Hausgemeinschaften sägten Bäume um, teilten das Holz untereinander auf, um es dann in der „Brennhexe" bzw. im „Bullerofen" zu verheizen.

In jenem Eiswinter 1947, ich war gerade 10, erlebte ich voller Aufregung wie mit Einverständnis des Hausbesitzers unsere

Das Klima in der Stadt ist ausgesprochen baumfeindlich

Hausgemeinschaft Hallerstraße 6/8 mit vereinten Kräften eine der drei im Hintergarten wachsenden etwa 60 Jahre alten Pyramidenpappeln fällte. Die Enttäuschung war groß, als wir beim Zersägen des Stammes in seinem Inneren anstatt kernigen Brennholzes überwiegend schwammartiges Holzgewebe von äußerst geringem Brennwert fanden. Die Erklärung lautete: Pappeln wachsen sehr schnell in die Höhe, ziehen viel Wasser aus dem Boden und können nur wenig kräftige Holzsubstanz aufbauen.

Durch den Krieg und die kalte Nachkriegszeit hat Hamburg mehr als 100.000 Straßenbäume verloren. Für diejenigen Bäume, welche wundersam überlebt hatten, gab es zwar bald Ruhe vor Säge und Axt, aber schon lauerten andere neue und modernere Feinde auf sie.

Zweite Hälfte dieses Jahrhunderts: Moderne Feinde der Bäume

Das Klima einer Großstadt ist ausgesprochen baumfeindlich. Auch Hamburger Bäume sind einer ganzen Reihe von Streßfaktoren ausgesetzt.

Im ersten Jahrzehnt nach Kriegsende mußten sich die Bäume bereits gegen Siele, Kanäle, Straßenbau und Leitungen aller Art wehren. Insbesonders richteten undichte Gasleitungen unter den Bäumen sichtbare Schäden an, da das Gas die Wurzeln erheblich in Mitleidenschaft zog.

Der wirtschaftliche Aufschwung bedeutete für die Menschen ein „Wunder", für die Bäume aber zusätzlichen Streß. Zunächst kam die zunehmende Versiegelung des Bodens. So wird in Deutschland bis heute alle 5 Sekunden ein Quadratmeter Boden zugebaut, zugeteert oder zubetoniert.

Das geschieht seit nunmehr 30 Jahren.

Auch in Hamburg können wir viele Straßen „bewundern", die über ihre gesamte Breite einschließlich der Bürgersteige nahtlos geschlossen sind. Die glatten Asphaltseen großer Parkplätze oder Schulhöfe sind hierbei nicht zu vergessen.

Für den Wasserhaushalt insgesamt ist das eine fatale Entwicklung, denn immer mehr Wasser verdunstet, da es nicht in den Boden einsickern kann. Für die Bäume bedeutet Versiegelung

Die Situation in Hamburg

Wasserentzug und Nährstoffarmut.

Ein weiterer Negativfaktor für Straßenbäume war der enorme Anstieg des Streusalzeinsatzes. Dieser betrug im Winter 1956/57 700 Tonnen, aber 1978/79 bereits 40.000 Tonnen - ein brutaler Salzwinter für die Wurzeln der Bäume. Im Laufe der Jahre akkumulierte sich das Salz im Boden und in den Bäumen.

Luftverschmutzung, Versiegelung des Bodens und Streusalz gehören zu den modernen Feinden der Bäume

Holzbiologische Untersuchungen bewiesen die umfangreichen Schäden durch Streusalz, so daß dessen Einsatz ab 1981/82 erheblich reduziert wurde.

Eindeutig übertroffen werden die schädlichen Auswirkungen durch die genannten Faktoren noch durch die enorme Zunahme des Autoverkehrs.

Die Abgase von über 750.000 in der Hansestadt zugelassenen Autos und weiteren 850.000 Kraftfahrzeugen, die täglich durch Hamburg rollen, sowie zusätzliche von der Industrie verursachte Schadstoffe machen das Atmen nicht nur für Menschen zu einem Problem.

Zur Verdeutlichung noch zwei Zahlen: Der Anteil der PKW-Fahrer in der Hansestadt hat sich von 1976 bis 1991 um mehr als 50% erhöht.

In der Bundesrepublik Deutschland wuchs die Anzahl der Kraftfahrzeuge in einem einzigen Jahr (1994) um eine Million auf 51 Millionen !

Hamburgs „Grün" hat Tradition

Alle durch Verkehr, Industrie und Landwirtschaft erzeugten Luftschadstoffe schädigen die Bäume direkt oder indirekt. Als Stichworte genügen an dieser Stelle der „Saure Regen" und das stetig wachsende „Ozonloch".

Bei diesen tückischen Feinden nehmen sich zusätzliche noch nicht erwähnte negative Auswirkungen der Großstadt wie mechanische Beschädigung der Bäume durch Autos oder Straßenbau relativ bescheiden aus.

Hamburg als grüne Stadt

Eine der europäischen Großstädte mit den meisten Bäumen

Schon ein Blick auf Hamburgs Straßenverzeichnis offenbart den geschichtlichen Bezug Hamburgs zu Bäumen und ihren Stellenwert für die Hansestadt: Von A-horn- bis Z-ypressenweg finden wir Dutzende von Baumstraßennamen, allein mit Ahorn- vier, mit Baum- fünf und Birke- gar sieben Straßenbezeichnungen.

Die Bedeutung von Bäumen, z. B. als Baumaterial im gesamten Hamburger Hafengebiet, wurde bereits erwähnt. Eben dort, nämlich am Hafeneingang bei der Niederbaumbrücke stand seit 1662 das weit über Hamburgs Grenzen berühmte Baum-Haus des Tischlers und Baumeisters Hamelau. Es war für fast zwei Jahrhunderte ein Treffpunkt für Hamburgs feine Gesellschaft.

Die ältesten historischen Zeugen von Hamburger Bäumen aber wurden bei Ausgrabungen in der Altstadt gefunden. Es waren Fruchtreste von Pflaumen-, Sauerkirsch- und Birnbäumen, die in der ersten kleinen Siedlung auf dem Gebiet der Hammaburg im 9. Jahrhundert gestanden hatten.

Ein weiteres geschichtlich belegtes Datum ist das Jahr 1331, in dem Graf Adolf VII. von Schauenburg einen Apfelgarten (pommarium) in der Steinstraße anlegen ließ.

Mitte des 18. Jahrhunderts ließen sich reiche Hamburger Kaufleute Landsitze, im letzten Jahrhundert das Großbürgertum Villenanlagen jeweils mit prächtigem Baumbestand errichten.

Im 18. und 19. Jahrhundert wurden die Hamburger Altparks als Jagdreviere oder Gutsparks meistens von Privatleuten angelegt. In unserem Jahrhundert folgten dann große neue Parkanlagen, die von vornherein als Erholungsgebiete für die Öffentlichkeit geplant wurden.

Die Situation in Hamburg

Heute besitzt Hamburg 120 Parks, mehr als 1300 Park- und Gartenanlagen mit einer Gesamtfläche von 3.000 Hektar. Als Grünfläche können ebenfalls die 900 Hektar gezählt werden, die von den Friedhöfen eingenommen werden. Allen voran geht der Ohlsdorfer Friedhof, der weltweit größte Parkfriedhof, der einen wertvollen Baumbestand besitzt.

In den Hamburger Parks wachsen mehrere Millionen Bäume, die genaue Zahl weiß niemand. Hingegen gibt es exakte und sehr beeindruckende Angaben zu den Hamburger Straßenbäumen. 1993 sind es 210.000 !

Trotz mancher Kritik darf man an dieser Stelle den hanseatischen Stadtvätern bzw. den Gartenbauämtern für die enorme Pflanzleistung nach 1946 ein ausdrückliches Lob aussprechen. Kurz nach dem Krieg gab es nämlich in Hamburg nur ca. 30.000 Straßenbäume.

210.000 Bäume von einhundert Baumarten säumen die hanseatischen Straßen

Kontinuierlich wurden jahraus jahrein Bäume neu gepflanzt, zum Teil als Ersatz für tote Bäume. In den letzten Jahren waren es rund jährlich 6.000 Bäume, so daß die eindrucksvolle Zahl von nunmehr rund 210.000 Straßenbäumen erreicht werden konnte.

Häufig werden 10 bis 18 Jahre alte Bäume ausgewählt, da sie von Anfang an schon etwas herzeigen. Die Kosten der Anpflanzung belaufen sich auf rund 1.500,00 DM pro Baum.

Bei den Straßenbäumen sind Linden, Eichen, Ahorn, Birke und Platane die häufigsten Baumgattungen. Insgesamt einhundert verschiedene Baum*arten* säumen die hanseatischen Straßen.

Da dieses Buch in erster Linie für den interessierten Laien und Naturfreund gedacht ist, wird hier meist nur auf die Gattung eingegangen (z.B. Platane, Eiche, Linde) oder auf die wichtigsten Arten (z.B. Berg-, Spitz-, Feldahorn). Verzichtet wird auf eine Feinaufteilung, die für die Leser/innen eher frustrierend wäre, denn bei etlichen Baumgattungen gibt es zahlreiche Arten, Unterarten und Kreuzungen.

Zum Schluß dieses Kapitels noch zwei Hinweise: Zum einen ist Baum nicht gleich Baum. Es gibt kurzlebige Arten wie z.B. Eberesche, Feldahorn, Birke, langlebige wie z.B. Eiche, Linde und hitzeverträgliche bzw. relativ resistente Arten gegen Abgase wie etwa Platane oder Ginkgo. Seit einigen Jahren wird verstärkt

Bäume und Stadtgrün sorgen für unser Wohlbefinden

auf den ökologischen Wert eines Baumes geachtet, denn der Nutzen gerade von Gingko und Platane für Insekten und Vögel ist äußerst gering. Eine einzige Eiche bietet hingegen mehr als 300 verschiedenen Arten von Insekten sowie einigen Vogel- und Säugetierarten Nahrung und Lebensraum.

Zum anderen ist festzuhalten, daß die Bäume natürlich nicht gleichmäßig und gerecht auf alle Stadtgebiete verteilt sind. So gibt es im Bezirk Eimsbüttel von allen Bezirken am wenigsten Parkanlagen. Hamm und Gebiete im Osten Hamburgs sind mit Straßenbäumen ausgesprochen unterversorgt.

Die Anzahl der Bäume in einem Stadtteil verdeutlicht auch sehr gut die soziale Schichtung. Traditionell gab es immer einen geringen Baumbestand in Arbeitervierteln wie z.B. Eimsbüttel oder Hamm. In den Elbvororten, Harvestehude und Uhlenhorst dagegen finden wir zahlreiche prächtige und alte Bäume.

Bäume und Stadtgrün sorgen für unser Wohlbefinden. Sie sind ein ökologischer Faktor, wirken sich positiv auf das Kleinklima aus, erfreuen uns und stellen einen erheblichen Reichtum dar.

Wenngleich es in Hamburg zu viele Steinwüsten gibt, die Grünflächen untereinander noch nicht genügend vernetzt sind und immer wieder der Verdacht auftaucht, daß alte Bäume vorschnell gefällt werden, so ist doch das Positive ebenfalls offenkundig: Für das Grün und die Bäume in Hamburg ist in den letzten Jahrzehnten außerordentlich viel geleistet worden.

Mit Fug und Recht kann behauptet werden: Hamburg ist eine grüne Stadt, eine der europäischen Großstädte mit den meisten Bäumen.

Hamburger Bäume der Superlative

Die ältesten toten Hamburger Bäume

Die ältesten toten Hamburger Bäume bzw. Baumreste sind schnell benannt: altersmäßig unschlagbar ist das versteinerte Stück des Stammes einer Sumpfzypresse mit einem Alter von 27 – 30 Millionen Jahren. Es ist im neuen Botanischen Garten (S-Bahn Station „Klein-Flottbek") zu bewundern. Nachstehend ein Foto von diesem Uralt-Baumstamm.

Fast 30 Millionen Jahre alt ist dieser verkieselte Baumstamm einer Sumpfzypresse im neuen Botanischen Garten

Nur wenige Meter von diesem verkieselten Baumstamm entfernt befindet sich die Stammscheibe eines 1250 Jahre alten Küstenmammutbaumes. Diese imposante Riesenbaumart ist in Kalifornien eine große Touristenattraktion.

Weitere Einzelheiten zu diesen Giganten können aus der links neben der Baumscheibe befestigten Tafel entnommen werden (auf Seite 33 abgebildet).

Der wohl älteste tote einheimische Baum Hamburgs ist in Form eines bearbeiteten Baumstammes einer Eiche als Bildsäule zu bewundern. Da man davon ausgehen darf, daß der Baum bei seiner ursprünglichen Verwendung als Rammpfahl mindestens 100 Jahre alt war, kann vermutet werden, daß dieser Eichen-

Die alte Eiche wurde zur Bildsäule auf dem U-Bahnhof Jungfernstieg

stamm nunmehr ein Alter von über 850 Jahren erreicht hat.

Die Bildsäule befindet sich auf dem U-Bahnhof Jungfernstieg zwischen Gleis 1 und 2.

Auf der an der gekachelten Säule angebrachten Tafel steht folgender Text:

„Diese Bildsäule
wurde von Prof. Richard Luksch
als Geschenk für Hamburg aus
einem Rammpfahl gestaltet.
Der Pfahl wurde 1932
beim Bau dieser Haltestelle,
räumlich an derselben Stelle stehend,
zusammen mit anderen freigelegt.
Er gehörte zu dem
um 1250 erbauten Stauwehr des
Alstermühlendammes, des Vorläufers
des Jungfernstieges."

Die ältesten – dicksten – schönsten – tapfersten lebenden Hamburger Bäume

Eine Vorbemerkung zu den folgenden „Superlativen": Das Alter von Bäumen ist sicherlich für viele Menschen wissenswert. Aber letztlich ist jede Lebensphase eines Baumes wichtig für sein Gedeihen. Bewundern wir also getrost die Superlativ – Bäume, aber seien wir uns bewußt, daß es ebenso notwendig ist, dafür zu sorgen, daß junge Bäume in Würde mächtig und alt werden können.

Die Bestimmung des Alters lebender Bäume ist außerordentlich schwierig. Ein ziemlich genaues Alter kann lediglich durch Untersuchung mit dem „Zuwachsbohrer" und dem Auszählen der Jahresringe ermittelt werden. Diese Methode wird bei uns seit einigen Jahren nicht mehr oder nur noch in Ausnahmefällen angewendet, da sie den Baum verletzen kann und Pilz- sowie Krankheitsbefall Vorschub leistet.

So muß bei Altersbestimmungen meist auf Schätzungen zurückgegriffen werden, es sei denn, die Pflanzung des Baumes wurde einwandfrei dokumentiert, wie es etwa bei der Platane im alten Botanischen Garten (s. Rundgang 1a) der Fall ist.

Schätzungen basieren meist auf Vergleichen mit anderen Bäumen derselben Art. Derartige Vergleiche können sehr irreführend sein, da viele Standortfaktoren wie z.B. Bodenbeschaffenheit, Umgebung oder Mikroklima einen wichtigen Einfluß auf das Wachstum eines Baumes haben. So kann z.B. eine freistehende Eiche in einem Park mit einem Umfang von vier Metern jünger sein als eine Eiche mit einem Umfang von nur drei Metern, die direkt an einer Straße wächst.

Schätzungen wiederum können sehr subjektiv sein! Welcher Ort oder Stadtteil würde nicht gern mit einer „1000jährigen" Linde oder Eiche protzen?

Bei Altersbestimmungen muß meistens auf schwierige Schätzungen zurückgegriffen werden

Für Hamburg gilt auf Grund seiner in der Einleitung skizzierten Stadtgeschichte, daß mit hoher Wahrscheinlichkeit kein einziger Baum ein Alter von 1000 Jahren erreicht hat.

Viele Botaniker meinen, daß der **älteste** Hamburger Baum die Eibe (17c) am Neuländer Elbdeich sei. Ihr wird ein Alter von 800-850 Jahren zugeschrieben. Andere Fachleute warnen und fragen: „Woher wissen diese Botaniker das so genau?"

Eine weitere sehr alte Eibe, auf die ich in diesem Zusammenhang etwas näher eingehe, wächst auf dem Friedhof von Ochsenwerder. Der Baum befindet sich auf dem neueren Teil des Friedhofs, knapp 100 Meter von der Kirche entfernt.

Die Eibe stellt ein Gewirr von mehreren Stämmen dar, die sich direkt über dem Boden trennen. Ab 1870 wurde dieser Baum zu einer Laube zurechtgestutzt bzw. als Laube benutzt, in der sich häufig Lehrer der Ochsenwerder Schule aufhielten, denn der Baum steht im ehemaligen Schulgarten. Gegen 1908 wurde die Schule abgerissen und der Friedhof eingerichtet, in den die Eibe integriert wurde.

Ich befragte mehrere Menschen zum Alter des Baumes. Ein Pastor meinte: „Schätzungsweise 200-250 Jahre". Der pensionierte Gärtner dagegen, der 40 Jahre auf dem Friedhof gearbeitet hatte, berichtete, daß der Baum 1946 von Experten auf etwa 800 Jahre geschätzt worden sei. Soweit zum Thema „Alter".

Für Vogelfreunde ein kleiner Hinweis: nicht allzuweit von

Welcher Baum ist der schönste Hamburgs?

dieser Eibe entfernt, beim Ochsenwerder Seniorenheim „Himmel“, ist jedes Frühjahr Hamburgs fleißigste Störchin tätig. Sie wurde 1977 als Jungvogel beringt und zog 1980 die erste Brut beim Seniorenwohnheim auf. Seitdem hat die Ochsenwerder Frau Adebar bereits 35 Jungvögel großgezogen!

Als dritte sehr alte Hamburger Eibe ist die viele hundert Jahre alte Eibe am Kriegerdenkmal in der Othmarschener Liebermannstrasse (11a) hervorzuheben.

Eiben können ein sehr hohes Alter erreichen im Gegensatz zu vielen anderen hiesigen Baumarten, deren Lebenserwartung zwischen 100 und 300 Jahren liegt.

Außer den Eiben erreichen in Hamburg besonders Eichen ein sehr hohes Alter. So wird von der Eiche im Jenisch-Park (12c) angenommen, daß sie 400 – 500 Jahre alt sei.

Die Tibarg-Eiche (8d) könnte fast ein ähnliches Alter erreicht haben.

In der Rangliste folgen die Halbinvaliden - Eiche am Licentiatenberg in Harvestehude (3e) und die Flatterulme im Naturschutzgebiet Heuckenlock (17b) mit jeweils etwa 430 Jahren. Diese beiden Altersangaben sollen durch Untersuchungen gesichert sein, die vor einigen Jahren durchgeführt wurden.

Die **dicksten** Bäume sind schnell aufgezählt: die bereits erwähnte Tibarg-Eiche (8d) bringt es auf 8 Meter Umfang, die alte Eiche im Jenischpark (12c) auf 7,50 Meter, die Schwarzpappel (15a) an der Wandse auf 7,45 Meter, die Blutbuche (13a) im Hirschpark auf 7,10 Meter.

Erheblich schwieriger ist die Frage nach dem **schönsten** Hamburger Baum zu beantworten, da hierbei der persönliche Geschmack eine große Rolle spielt.

Frei nach einem russischen Sprichwort: „Nicht die Baumschönheit ist schön, sondern der geliebte Baum ist schön“ kann der prächtigste Baum einer sein, der stark emotional besetzt ist, etwa eine Eiche, die man persönlich liebevoll aus einer Eichel gezüchtet hat oder ein Ahorn, den man einst als kleines Bäumchen für (s)ein Kind pflanzte.

1994 wurde in einer Rundfunksendung des NDR der Bergahorn im Hirschpark (13 c) als der schönste Baum Hamburgs bezeichnet. Dem kann ich mich anschließen mit dem Zusatz: von den alten Hamburger Bäumen über 200 Jahre sind für mein

Hamburger Bäume der Superlative

Empfinden dieser Bergahorn *und* die herrliche Eiche im Sola-Bona-Park (9) die schönsten Exemplare.

Nun eine Frage an *Sie*: Was ist nach Ihrem Geschmack der schönste Hamburger Baum? Sie können Ihren Lieblingsbaum übrigens auf der eigens dafür vorgesehenen Seite 185 dieses Buches beschreiben, fotografieren, malen, zeichnen...

Ähnlich schwierig ist es, den **tapfersten** Baum zu küren. Es mag z.B. ein Exemplar sein, das durch Blitz, Unwetter, Menschen vielfach und sichtbar beschädigt ist und dennoch unverdrossen weiterwächst.

Für mich ist unbestritten der tapferste Hamburger Baum die unerschütterliche Robust-Pappel (17a) auf dem Mittelstreifen der Autobahn A1. Diese Pappel hält schon seit mehr als einem halben Jahrhundert in bewundernswerter Weise dem enormen Verkehr stand, der tagtäglich an ihr vorbeibraust.

Beide Fotos:
Neuer Botanischer Garten,
Text siehe Seite 29

Der Trompetenbaum Ecke Grindelallee/Beim Schlump in seiner Blütenpracht, siehe Seite 53–55 (Foto: Sommer 1995)

17 Rundgänge zu Hamburgs ältesten, schönsten und geschichtsträchtigsten Bäumen

● Westlich der Alster

1 Rund um den Dammtorbahnhof:

Verkehrsverbindung: S 11, S 21, S 31 (Bahnhof Dammtor)
Busse: 102, 109
Schnellbus: 34

1a

Platane

Alter Botanischer Garten

Wir beginnen unseren Rundgang am Bahnhof Dammtor. Er wurde als repräsentativer „Fürsten- und Empfangsbahnhof" errichtet. Bauzeit: 2 Jahre – Gesamtkosten: 1.120.000 Mark

Die feierliche Eröffnung fand unter großer Anteilnahme der Bevölkerung am 7. Juni 1903 statt.

Zahlreiche Persönlichkeiten wurden auf dem Bahnhof empfangen.

Dieser Platanenveteran steht hier seit 1821 (Foto: Sommer 1994)

Vor der mächtigen Platane im alten Botanischen Garten steht eine Gedenktafel

Zuerst kam Wilhelm II., der am 20.06.1903 durch die jovial beiläufige Bemerkung – „Sieht ja ganz nett aus!" – seiner Zustimmung zu diesem Bauwerk Ausdruck gab.

Es folgten im Laufe der Jahrzehnte viele Empfänge wie der von Hitler, Kaiser Haile Selassie aus Äthiopien, Königin Elizabeth II. oder die Königinnen der Niederlande und Dänemarks.

Nicht immer war jedoch im und um den Dammtorbahnhof nur eitel Sonnenschein. 1958 gab es im Zusammenhang mit einem Konzert von Bill Haley und 1966 bei einem Beatles-Konzert schwere Krawalle, die sich bis weit über Mitternacht hinzogen.

1967 nahmen Tausende an den im wesentlichen vom SDS (Sozialistischer Deutscher Studentenbund) organisierten Protestdemonstrationen gegen den Besuch des diktatorischen Schahs von Persien, Reza Pahlawi, teil.

Wir verlassen den Südeingang des Dammtorbahnhofes, halten uns rechts und betreten den ehemaligen Botanischen Garten durch einen kleinen Seiteneingang links vom SAS Plaza Hotel.

1a Die Platane des ersten Direktors des alten Botanischen Gartens: eine der ältesten Platanen Hamburgs.

Wenige Schritte hinter dem Eingang ragt direkt rechts am Weg eine mächtige Platane auf. Vor ihr steht eine Gedenktafel, die uns einige Einzelheiten über diesen eindrucksvollen Baum erzählt. Da er als knapp 10jähriger Baum gepflanzt wurde, können wir davon ausgehen, daß er heute gut 180 Jahre alt ist. Die Platane ist ca. 30 Meter hoch. Ein Blick auf ihren mächtigen Stamm, der in 1 Meter Höhe einen Umfang von gut 5 Metern aufweist, läßt erahnen, was dieser Baum alles erlebt hat.

Diese Baumart ist bei uns weit verbreitet. Sie fällt auf durch ihren hohen Wuchs und durch die seltsame Borke, die häufig in ungleich großen Placken abblättert. Unübersehbar auch die kugeligen, bis 3 cm dicken, braunen Früchte, die an 6 bis 8 cm langen Stielen herunterhängen.

Platanen werden als Straßenbäume häufig angepflanzt, da sie unempfindlich gegen verdichtete Böden sind. Sie sind sehr standfest; vom Sturm entwurzelte Platanen sind unbekannt.

1a

Platane

Alter Botanischer Garten

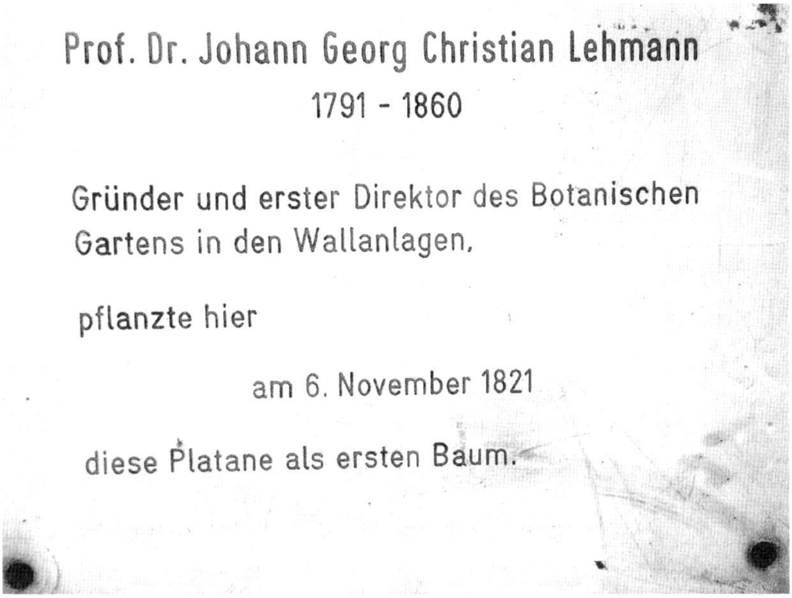

Tafel vor der Platane

Dieser Platanen-Riese ist eng mit der Gründung des Botanischen Gartens in den Wallanlagen verbunden. Er setzt auch eine alte Tradition an dieser Stelle fort. Bereits Ende des 18. Jahrhunderts genoß nämlich der Garten des Bürger-Capitäns J.N.Buek ein großes Ansehen. Dieser Garten, der gleichzeitig eine „Kauf- und Handelgärtnerei" umfaßte, lag am Ende der Dammtorstraße. Er war eingegrenzt von der Theaterstraße und Esplanade auf der einen und der Dammtorstraße sowie der Alster auf der anderen Seite. Der Garten war u.a. wegen seiner Bäume aus anderen Erdteilen berühmt. Auf älteren Stadtplänen findet sich der Bueksche Garten häufig als „Botanischer Garten" verzeichnet.

1810 kaufte Dr. J. Flügge den Bukschen Garten und veröffentlichte einen Aufruf zur Gründung eines „Botanischen Gartens auf Actien".

Darin heißt es u.a.: „..., daß man sich mit Recht wundern muß, daß ein Botanischer Garten Hamburg noch nicht zur Zierde gereiche. Der Reisende ... vermißt in Hamburg, Europas berühmter Handelsstadt, eine Anlage, zu deren Begründung und Unterhaltung nur der Zutritt, die Unterstützung eines kleinen Theiles des gebildeten Publikums erforderlich ist."

1821 entstand dann im ehemaligen Festungsgelände beim

Die alte Platane erlebte nicht nur den zoologischen Garten...

Dammtor auf Privatinitiative von Johann Georg Christian Lehmann, zunächst Professor der Physik und Naturgeschichte am akademischen Gymnasium, der offizielle 2,5 ha große Botanische Garten. Nach Erweiterungen betrug die Gesamtfläche der Anlage 1889 bereits 9,4 ha.

Als die Platane schon ein kräftiger Baum von etwa 40 Jahren war, wurde direkt neben ihr durch eine private Aktiengesellschaft (ab 1863) ein Zoologischer Garten eröffnet, in dem eine Zeitlang der berühmte Tierforscher Brehm arbeitete. 1930 wurde dieser Zoo zu einem Vogel-, Volks- und Vergnügungspark umgebaut. Aus dieser Zeit stammt der heutige Name Tiergartenstraße.

Nach 1945 war es dem Hamburger Bürgermeister Max Brauer zu verdanken, daß in der Umgebung der Platane sehr viel städtisches Grün erhalten blieb.

Mehrere Internationale Gartenbau-Ausstellungen (IGA) veränderten die Umgebung der Platane erheblich. 1953 wurde ein neues Gartenkonzept für Planten un Blomen entwickelt, 1963 wurden die Wallanlagen mit einbezogen und 1973 – der Zeitgeist und offensichtlich einige Verantwortliche in der Behörde empfanden Betonplatten und Bebauung als fortschrittlich – wurde die Anlage erheblich, und zwar nicht zu ihren Gunsten umgebaut. Im gleichen Jahr wurde auch das CCH (Congress Centrum Hamburg) und das Plaza-Hotel errichtet.

Nachdem 1979 in Klein Flottbek der Neue Botanische Garten eröffnet worden war, wurde 1986 der Alte Botanische Garten in Planten un Blomen integriert.

Somit ist diese mächtige Platane das letzte Andenken an den Alten Botanischen Garten: sie hat seine Geschichte von Anfang an bis zum Ende über gut 150 Jahre er- und überlebt.

Für die Geschichte von Planten un Blomen, auf dessen Gelände die Platane heute steht, ist hier nur Raum für wenige Sätze.

Dieser 20 Hektar große Traditionspark ist die größte zusammenhängende Freifläche im Citybereich und zählt zu den bedeutendsten Parkanlagen Hamburgs.

Keine andere hanseatische Grünanlage wurde in den letzten 50 Jahren so grundlegend umgepflügt, be- und verbaut, neu gestaltet.

Die Rolle Planten un Blomens während der Nazi-Zeit wird

1b

Sumpfzypressen

Alter Botanischer Garten

Einige der alten Sumpfzypressen in herbstlicher Färbung, s. Seite 40 (Foto: 1994)

häufig diskret übergangen oder verdrängt. Für die Nazis wurde der Park nämlich zum Prestigeobjekt. 1934 beschloß der gleichgeschaltete Senat die Umgestaltung des ehemaligen Zoologischen Gartens samt der anliegenden einstigen Friedhofsfläche, um 1935 die „Niederdeutsche Gartenschau" veranstalten zu können.

Auf der braunen „Grün-Leistungsschau" sollte die nationale Gartenkultur dargestellt und gefördert werden, um der „Überfremdung durch ausländische Pflanzengemeinschaften" entgegenzutreten.

Stichworte für die „Nazifizierung" der Gesamtanlage: Schaffung einer „Monumentalgestalt eines deutschen Arbeitsmannes" für die Ehrenhalle der NSDAP, ab 1939 Bau von Mustertypen für KdF-Urlaubsdörfer, Einbeziehung des Aufmarschplatzes an der

Die Sumpfzypressen können auf eine lange Geschichte zurückblicken

Jungiusstraße, Ausstellungen bzw. Propagandaschauen wie 1941 „Wehr und Sieg“ und 1942 „Das Sowjet-Paradies“.

Die Platane und die anderen alten Bäume Planten un Blomens ertrugen die Nazi-Zeit mit Fassung und überlebten geduldig diesen menschlichen Wahn.

1b Die Gruppe der alten Sumpfzypressen

Wir lassen die Platane rechts liegen und wenden uns scharf links in Richtung des Ausgangs Stephansplatz. Nach wenigen Metern sehen wir eine Reihe von kleinen Teichen. Dort wächst eine Gruppe von neun auffälligen Sumpfzypressen, von denen die dickste einen Stammumfang von 3,65 Metern aufweist.

Die Sumpfzypressen an dieser Stelle können auf eine lange Geschichte zurückblicken. Bereits im Jahre 1897 wurde ein Lichtdruck veröffentlicht, auf dem mehrere schon seinerzeit kräftige Sumpfzypressen zu sehen sind.

Wahrscheinlich sind die meisten dieser Bäume in den ersten Jahren des Botanischen Gartens angepflanzt worden. Früher halfen Hamburgs Kaufleute und Kapitäne eifrig mit, aus vielen Ländern der Welt exotische Gewächse nach Hamburg zu bringen, die sie dem Botanischen Garten spendeten. 1848 gab es hier bereits 18.000 verschiedene Pflanzenarten.

Die Sumpfzypresse ist in südöstlichen Teilen Nord-Amerikas beheimatet. In Europa ist sie nicht selten in Gärten und Parks anzutreffen. Auch in Hamburg finden wir Sumpfzypressen durchaus nicht nur an dieser Stelle. Auffällig an diesem Baum sind die kleinen, feinen Nadeln und der rötlichbraune, faserige Stamm mit kleinen senkrechten Furchen.

Interessant ist, daß sich die Nadeln im Herbst rötlichbraun färben, bevor sie abgeworfen werden. Die Sumpfzypresse ist also ein sommergrüner Baum.

Sie kann nur mit dem sehr ähnlichen Urwelt-Mammutbaum, Metasequoia, verwechselt werden, der jedoch gegenständige Nadeln hat, während die Nadeln der Sumpfzypresse wechselständig sind.

1c Die große doppelstämmige Bergulme

In diesem Band werden die Ulmen etwas ausführlicher als andere Baumarten behandelt. Es werden insgesamt drei verschiedene Ulmenarten vorgestellt.

Der Grund hierfür ist, daß die Ulme in ihren bisherigen Arten eine sehr gefährdete und möglicherweise vom Aussterben bedrohte Baumart ist. Deshalb wurde sie auch zum „Baum des Jahres 1992" erkoren.

Um 1620 wurde die Ulme aus Holstein, dort Yper genannt, nach Hamburg eingeführt. Zusammen mit Linden war sie eine der meist gepflanzten Baumarten auf den Wällen der Stadt. Von den einst vielen tausenden Hamburger Ulmen sind heute vielleicht noch 500 Exemplare erhalten. Die drei in diesem Buch beschriebenen Bäume gehören zu den größten und ältesten ihrer Art in unserer Stadt. Insofern gebührt ihnen unser ganz besonderer Respekt.

Das Ulmensterben wird hervorgerufen durch den Ulmen-Splintkäfer, der um die Jahrhundertwende eingeschleppt wurde. Das Insekt überträgt einen Pilz auf den Baum, der die Leitungsbahnen in den Ästen und Zweigen verstopft. Der Baum kann seinen Wasserbedarf nicht decken und stirbt ab.

Bisher ist es noch nicht gelungen, ein wirksames Mittel gegen den Käfer zu entwickeln. Es ist wahrscheinlich, daß in 100 bis 200 Jahren die bisher bekannten Ulmenarten ausgestorben sein werden. Erfolgversprechend sind Versuche mit der Züchtung neuer Ulmenarten. Vielleicht können diese und andere Neuzüchtungen die entstandene Lücke ein wenig füllen, da sie nicht nur resistent gegen die Ulmenkrankheit, sondern auch schnellwüchsig sind.

Für alle drei in diesem Buch vorgestellten Ulmenarten ist die schiefe Blattbasis kennzeichnend, d.h. die eine Blatthälfte beginnt immer etwas höher als die andere.

Die kräftige doppelstämmige Ulme, auf die Sie treffen, wenn Sie den Weg fortsetzen, befindet sich etwa 50 Meter hinter den Sumpfzypressen dicht am Zaun. Sie hat einen Stammumfang von 4,30 Metern. Man kann davon ausgehen, daß dieser Baum ebenfalls ein Veteran aus den ersten Jahren des Botanischen Gartens ist.

1c

Bergulme

Alter Botanischer Garten

Wahrscheinlich werden in 100 bis 200 Jahren die bisher bekannten Ulmenarten ausgestorben sein

Oben:
Die beiden großen Blätter gehören der Bergulme. Die drei kleinen sind Blätter der Feldulme. Jeweils ein Blatt zeigt die Unterseite. Bei beiden Ulmenarten ist die typische schiefe Blattbasis recht gut sichtbar.

rechts:
Die kräftige doppelstämmige Bergulme, s. Seite 41 (Foto: Sommer 1994)

Wir gehen jetzt direkt auf den Ausgang zum Stephansplatz zu, hinter dem sich unmittelbar rechter Hand eine Gruppe von Japanischen Zierkirschen befindet.

1d Japanische Zierkirschen – blühende Baumschönheiten am Stephansplatz

An dieser Stelle wurden 1988 zehn Japanische Zierkirschen von Ikeda Kureha Rotary-Club-Mitgliedern gepflanzt.

Hamburgs Kontakte nach Asien haben Tradition. Japan erschien bereits 1874 als Lieferland in der hamburgischen Einkaufsstatistik. Am 11. Mai 1989 wurde mit Osaka offiziell eine Städte-Partnerschaft vereinbart. Heute sind in Hamburg mehr als 130 japanische Firmen tätig, über 4.000 Japaner leben in Hamburg, seit 1981 gibt es hier eine japanische Schule.

Unweit von diesen Bäumchen befindet sich der größte Japanische Garten Europas, der mehr als 18 Tausend Quadratmeter im Parkgelände von Planten un Blomen umfaßt. Er wurde 1991 von

1d

Japanische Zierkirschen

Stephansplatz, Innenstadt

Die Zierkirschen wurden 1988 von Japanern gepflanzt. Einzelheiten sind der Tafel (vorne im Tulpenbeet, s. auch Seite 116) zu entnehmen. (Foto: Frühling 1994)

einem berühmten Landschaftsarchitekten aus Osaka gestaltet.

Lange bevor diese 10 Bäumchen gepflanzt wurden, nämlich bereits 1976, hatte sich die Japanische Gemeinde in Hamburg entschlossen, der Hansestadt als Zeichen ihrer Dankbarkeit für die Gastfreundschaft 5.000 Kirschbäumchen zum Geschenk zu machen.

Die Bäumchen wurden zwischen 1977 und 1979 aus Japan eingeflogen. Sie fanden ihre vorläufige Heimat in der staatlichen Baumschule nördlich von Fuhlsbüttel, um sich an die hiesigen Klimabedingungen zu gewöhnen. Zwischen 1980 und 1984 bekamen sie ihre endgültigen Standplätze. Den größten Teil der Bäume erhielten die sieben Bezirksämter, der Botanische Garten in Klein Flottbek und der Ohlsdorfer Friedhof. Die restlichen Bäume wurden Schulen, Krankenhäusern oder Altersheimen geschenkt.

Die bekanntesten Standorte sind das Alstervorland an der Außenalster, das Dreieck Lombardsbrücke/Kennedy-Brücke/Ferdinandstor, Schöne Aussicht/Auguststraße, der Platz der Republik sowie der Altonaer Balkon. (Zum Altonaer Balkon vergleiche Kapitel 10c).

Der arg ramponierte französische Ahorn. Als Straßenbaum ist er der einzige seiner Art in Hamburg. (Foto: 1994)

1e Der schräge französische Ahorn – nicht mehr schön, aber selten

In einer Entfernung von etwa 100 Metern Luftlinie steht direkt an der Straßenecke der Marseiller Straße/Dammtorstraße ein arg ramponierter Baum. Seit Jahren ist er durch eine kräftige Eisenstange abgestützt, er wurde bereits saniert. 1994 mußten ihm einige Äste gekappt werden.

Bei diesem Baum handelt es sich um einen französischen Ahorn. Kennzeichnend für ihn sind seine dreilappigen Blätter. Diese Baumart ist bei uns sehr selten anzutreffen. Wahrscheinlich ist er in Hamburg der einzige französische Ahorn, der direkt an einer Straße steht. Möge er uns noch lange erhalten bleiben!

Wir gehen jetzt die Dammtorstraße entlang und unter der Brükke beim Dammtorbahnhof hindurch. Links schräg gegenüber, auf der anderen Seite des Theodor-Heuss-Platzes, sehen wir:

1f Die alten Roßkastanien vor derMoorweide: streusalzgeschädigt, vom Stadtstreß geplagt

Wen hätte die Doppelreihe der alten Roßkastanien an der Moorweide (Theodor-Heuss-Platz) gegenüber dem Dammtorbahnhof noch nicht erfreut? Ihre ganze Schönheit entfalten sie zur Blütezeit im Mai.

Auch sie sind ein kleines Wahrzeichen Hamburgs und in mehrfacher Hinsicht interessant.

Beide Baumreihen wurden um 1880 gepflanzt, in einer Zeit als die gewaltige Moorweidenhalle von sich reden machte. Diese Ausstellungshalle wurde 1881 eingeweiht und konnte über 7000 Menschen aufnehmen.

Zwar wurde die Halle bereits 1885 durch ein Feuer für immer zerstört, aber die Moorweide setzte die Tradition als Ort politischer Versammlungen und als Vergnügungsplatz bis in die Gegenwart fort.

Vor 1933 feierte die KPD dort ihre 1. Mai-Feste. Die Nationalsozialisten wiederum benutzten die Moorweide häufig für ihre Aufmärsche:

1939 nahmen an ihrer Maifeier 70.000 Menschen teil. Im gleichen Jahr begrüßte dort Hermann Göring die „Helden" der Legion Condor.

Nach 1945 war die Moorweide Ausgangspunkt und Ziel zahlreicher Demonstrationen. 1972 versammelten sich dort etwa 30.000 Menschen zu einer Kundgebung für die Unterstützung Willy Brandts (Anlaß: Mißtrauensvotum). Es folgten etliche Demonstrationen, an denen häufig Zehntausende, vor allem junge Menschen teilnahmen, die etwa für Frieden und Abrüstung oder gegen Bildungsabbau protestierten.

Der Versuch, in den 70er Jahren unter dem Dach der Kastanien eine „Speakers' Corner" nach dem Vorbild des Londoner Hyde-Parks zu schaffen, scheiterte bald.

Diese Kastanienbäume sind nicht nur schön, sondern verdeutlichen sehr eindrucksvoll, unter welchen schädlichen Umwelteinflüssen sie sich mühevoll behaupten. Unglaublich aber wahr: obwohl beide Kastanien-Reihen dasselbe Alter von gut

1f

Roßkastanien

Moorweide, Innenstadt

Nach 1945 war die Moorweide Ausgangspunkt und Ziel zahlreicher Demonstrationen

Die Roßkastanien an der Moorweide – vom Bahnsteig des Dammtorbahnhofs aus gesehen

Zu diesen Roßkastanien – stellvertretend für alle Hamburger Kastanien am Straßenrand – passen die folgenden Verse von Karl Heinz Waggerl hervorragend:

Roßkastanie
Wie trägt sie bloß
ihr hartes Los
in Straßenhitze und
Gestank?
Und niemals Urlaub,
keinen Dank!
Bedenk, Gott prüft sie ja
nicht nur,
er gab ihr auch die
Roßnatur.

115 Jahren haben, zeigt sich ein krasser Wachstums-Unterschied zwischen den Bäumen der 1. und der 2. Reihe.

Die Exemplare der 1. Reihe unmittelbar an der gepflasterten Straße sind mehrere Meter kleiner, ihre Kronen weniger kräftig. Sie besitzen vor allem einen viel geringeren Umfang als die Kastanien der 2. Reihe. Während alle Bäume der 1. Reihe einen Umfang von maximal 1,98 Meter aufweisen, sind die Kastanien der 2. Reihe merklich dicker.

Die drei kräftigsten von ihnen erreichen sogar einen Umfang von immerhin 3,00 Meter, 3,10 Meter und 3,20 Meter!

Der Grund hierfür liegt auf der Hand, denn die Kastanien der 1. Reihe hatten nicht nur die reichliche Streusalz-Zufuhr zu ertragen, sondern sind dem allgemeinen Großstadtstreß besonders ausgesetzt: Verkehr, Versiegelung des Bodens durch Pflastersteine der Straße, Baumaßnahmen.

Ende der 70er Jahre blieb selbst dem Laien der traurige Zustand dieser Kastanien nicht mehr verborgen. Ihre Blätter wurden schon im Spätsommer gelb und wurden viel früher abgeworfen als die Blätter bei anderen Kastanien.

Um 1980 wurden in Hamburg an 341 Straßenbäumen – unter anderen an diesen Kastanien – holzbiologische Untersuchungen über den Einfluß von Auftausalz durchgeführt, dessen Einsatz in Hamburg innerhalb von 20 Jahren enorm zugenommen hatte.

Wurden im Winter 1956/57 700t Salz verbraucht, so waren es 1978/79 bereits 40.000t!

Es wurde festgestellt, daß die meisten Baumarten an Standorten mit hohem Bodensalzgehalt seit Mitte der 60er Jahre Zuwachsrückgänge von mehr als 50% aufwiesen.

Anfang der 80er Jahre wurden die Kastanien gründlich saniert.

Hoffentlich halten diese alten Bäume noch einige Jahrzehnte aus, damit sie weiterhin einen ruhenden Pol in dem hektischen Verkehrsgewimmel um den Dammtorbahnhof bilden und uns erfreuen können!

Wir gehen die Reihe der Kastanien entlang und überqueren die Rothenbaumchaussee Richtung Edmund-Siemers-Allee.

1g

Zitterpappeln

Rotherbaum

1g 6 + 1 junge Zitterpappeln für das älteste Personendenkmal Hamburgs: Johann Georg Büsch

In der Grünanlage zwischen Edmund-Siemers-Allee und Rothenbaumchaussee steht ein Denkmal. Wieviele Menschen sind hier wohl schon vorbeigekommen, ohne den Obelisken eines Blickes zu würdigen? Ganz zu Unrecht!

Das Denkmal für Johann Georg Büsch inmitten der 7 Zitterpappeln. Im Hintergrund die Kuppel der alten Universität. (Foto: 1995)

Auf dem Obelisk ist das Relief auch heute noch sehr gut zu sehen. Es nimmt Bezug auf die zahlreichen Verdienste von Büsch. Dargestellt ist eine antike Opferhandlung zu Ehren des Verstorbenen. Links ist ein Jüngling zu erkennen, der die heranwachsende Generation symbolisiert. Rechts neben dem Altar steht Hammonia (man beachte die Mauerkrone auf dem Kopf). Zwei Gestalten hinter der Hammonia sollen Büsch's Verdienste um „Staatswirtschaft und Handel" sowie „Gewerbe" symbolisch darstellen. Der Altar selbst wird von den Genien des Todes und der Unsterblichkeit getragen – Symbolfiguren des Totenkults während der Aufklärung.

Das Denkmal ist dem „bekanntesten unbekannten Hamburger", nämlich Johann Georg Büsch, gewidmet, der so Wesentliches für die Fortentwicklung des Hamburger Gemeinwesens getan hat. Das Denkmal selbst hat schon eine aufregende Geschichte.

Es wurde von dem seinerzeit bedeutendsten Hamburger Architekten des Klassizismus Johann August Arens (1757-1806) entworfen und am 27.7.1802 feierlich enthüllt. Zunächst stand es an der Bastion St.Vincent, dort, wo heute die neue Kunsthalle gebaut wird. 1867 wurde es an die Nordseite der Lombardsbrücke versetzt. 1990 erhielt das Denkmal seinen heutigen Standort.

Sowohl für den Ort als auch für den Zeitpunkt gab es triftige Gründe. Der Bezug zur Universität sollte hergestellt werden, da Johann Georg Büsch als „Vater der deutschen Betriebswirtschaftslehre" bezeichnet werden kann und als Professor viel mit der Universität zu tun hatte. Der Zeitpunkt wurde so gewählt, weil die Patriotische Gesellschaft zu Hamburg im Jahre 1990 ihr 225. Jubiläum feierte und Johann Georg Büsch einer ihrer Mitbegründer war.

Büsch wurde 1728 in Lüneburg geboren. Er arbeitete überwiegend in Hamburg, wo er 1800 starb. Er war ein sehr vielseitiger Mensch: Pädagoge, Mathematikprofessor, Mitgestalter einer Armenordnung für die Hansestadt Hamburg, Mitbegründer und späterer Leiter der Handelsakademie.

Die „Patriotische Gesellschaft von 1765" existiert seit nunmehr 230 Jahren in Hamburg. Auf manche mag der Name etwas abschreckend wirken. Tatsache ist jedoch, daß sich die Gesellschaft auf vielfältige Weise um Hamburg verdient gemacht hat. Im Selbstverständnis der Gesellschaft bedeutet patriotisch nicht nationalistisch, sondern daß man sich für das Wohl aller Bürger der Stadt einzusetzen hat.

Ihr Wahlspruch: „Auf welche Weise kann man den Menschen am nützlichsten sein?" verdeutlicht am besten ihren Anspruch.

Auf Initiative der Patriotischen Gesellschaft sind z.B. die Sozialhilfe, das Arbeitsamt, die öffentlichen Bücherhallen, Botanische Gärten, Gewerbeschulen und das Kongreßzentrum entstanden. Auch heute ist die Gesellschaft in vielen Bereichen aktiv: Sie unterstützt städtebauliche Wettbewerbe, renoviert denkmalgeschützte Häuser, unterstützt Obdachlose, organisiert Konzerte, Vorträge und Diskussionsabende.

Im Jahre 1990 wurden um das Denkmal für Johann Georg Büsch insgesamt sieben Zitterpappeln (Espen) im Halbkreis gepflanzt. Diese Zahl ist durchaus nicht willkürlich. Jede der sechs Schwestergesellschaften aus anderen Städten pflanzte einen Baum. Und die Hamburger Patriotische Gesellschaft den siebten Baum.

Die das Denkmal im Halbkreis umstehenden sieben Zitterpappeln sind nicht wegen ihres Alters und ihrer Größe besonders bemerkenswert, denn 1990 waren sie vielleicht sechs Meter hoch und etwa 10 Jahre alt. Interessant sind sie, weil es im Hamburger Innenstadtbereich keine andere Stelle gibt, an der eine Gruppe von Zitterpappeln gepflanzt wurde.

Darüber hinaus hat die Auswahl gerade von Pappeln folgende Bewandtnis: den einstigen Planern galt die Grabstätte Rousseaus als Vorbild. Die sogenannte „Insel der Pappeln" im Park von Ermenonville, nördlich von Paris, wurde seinerzeit durch zahlreiche zeitgenössische Kupferstiche als Rousseau – Kultstätte in ganz Europa bekannt gemacht und in vielen Gedichten besungen.

Der Domherr Meyer, Initiator des Büsch-Denkmals, war ebenfalls ein großer Rousseauverehrer, der höchstpersönlich nach Frankreich gereist war, um die Grabstätte dort zu besichtigen.

1g

Zitterpappeln

Rotherbaum, Innenstadt

Dieser Kupferstich zeigt das Büsch- Denkmal um 1820 an seinem ersten Standort. Aus gutem Grund ist es umgeben von . . . Pappeln

Der dornige Stamm der Gleditschie

Beginnende Herbstfärbung im Oktober 1994

2 Grindelallee – Schlump/ Ecke Hallerstrasse – Grindelhof – Rothenbaumchaussee – Mittelweg

Verkehrsverbindung: Bus 102 (Staatsbibliothek)

2 a Ein kurioser Stachelbaum: Der Christusdorn vor der Nordelbischen Kirchenbibliothek, Grindelallee 7

Es ist durchaus keine Laune des Schicksals, daß ausgerechnet ein *Christus*dorn direkt vor der Nordelbischen *Kirchen*bibliothek wächst. Diese Baumart wurde dort bewußt vom Gartenbauamt angepflanzt.

Der Name Christusdorn – die Bezeichnung Gleditschie ist

2a

Christusdorn

Grindelallee, Grindelviertel

korrekter – geht auf die ungewöhnlichen langen rotbraunen Dornen an Ästen und Stamm dieser Baumart zurück.

Die Blätter der Gleditschie sind gefiedert, fein, fast ein wenig farnartig. Im Herbst nehmen sie eine hübsche gelbe Färbung an. Ihre Früchte sind 20–30 cm lange, spiralig gedrehte, sichelförmige, braune Hülsen.

In Hamburg ist die Gleditschie als Straßenbaum äußerst selten: es mag fünf Dutzend von ihnen geben. In Vorgärten und Parkanlagen ist sie etwas häufiger anzutreffen.

Dieses Exemplar ist etwa 9 m hoch, hat einen Stammumfang von 1,02 m und ist gut 30 Jahre alt. Gleditschien ähnlichen Kalibers finden wir in diesem Stadtteil z.B. im Vorgarten der Hartungstraße 16, vor den Häusern der Osterstraße 2 bis zur Tresckowstraße und der Von-der-Tann-Straße 12... Eine etwas größere Gleditschie (Stammumfang fast 1,50 m) wächst in einem Vorgarten schräg gegenüber der Alsterterrasse 10 a.

Die schönste und mächtigste Gleditschie auf Hamburger Gebiet ist jedoch im Vorgarten der Buxtehuder Straße 10c (Harburg) zu bewundern. Dieses Prachtexemplar, das die umstehenden Häuser weit überragt, weist einen Umfang von rund drei Metern auf! Der Baum ist mindestens einhundert Jahre alt und wurde bereits einmal saniert.

Der Standort der Gleditschie an der Grindelallee ist sehr geschichtsträchtig: diese Allee mit ihrer Verlängerung Grindelberg und Hoheluftchaussee war schon vor sehr langer Zeit eine vielbefahrene Landstraße gen Norden.

Ende des vergangenen Jahrhunderts wurde sie überwiegend mit viergeschossigen Mietshäusern bebaut und verwandelte sich in eine lebendige, mit zahlreichen Geschäften und Läden gesäumte Allee. Prominente waren hier zuhause wie der Komponist Gustav Mahler und der Friedensnobelpreisträger Carl von Ossietzky. Schräg gegenüber, Grindelallee 10, war das Café Timpe, ein Treffpunkt für viele angesehene jüdische Persönlichkeiten und ein Ort zahlreicher politischer Veranstaltungen.

Ebenfalls auf der gegenüberliegenden Seite, etwas weiter in Richtung Bahnhof Dammtor, befindet sich die „Kleine Moorweide" (heute: Platz

ESG-Transparent anläßlich des Nachrüstungsbeschlusses 1979. Hierzu schrieb A. Kaestner, seinerzeit Pastor bei der ESG: „... Die evangelische Studentengemeinde Hamburg entwickelte mit Hilfe ihres Zivildienstleistenden und ihres damaligen Pfaffen die abgebildete staatstragende Kompromißformel: mit und ohne. Da sage noch eine/R, die ESG sei nicht ausgewogen."

Für viele Jahre wurde das Martin-Luther-King-Haus zu einem Anziehungspunkt für politisch aktive Menschen

der Jüdischen Deportierten), die während der Nazi-Zeit zum Ort des Schreckens und Verbrechens wurde. Mehrere Gedenktafeln weisen auf dieses schändliche und unmenschliche Kapitel hanseatischer Geschichte hin: „... Hier begann der Weg tausender jüdischer Bürger Hamburgs, der in den Vernichtungslagern des Nazi-Regimes endete."

Das alles hat diese Gleditschie nicht miterlebt. Sie ist mit einem ganz anderen Kapitel zeitgenössischer Geschichte großgeworden. Sie wuchs in der zweiten Hälfte der 1960er Jahre fast gleichzeitig mit den Beton-Neubauten der Grindelallee 7 und 9 auf. Das Haus Nr. 9 (heute: Studentenwerk Hamburg) wurde das Martin-Luther-King-Haus der ESG (Evangelische Studentengemeinde). So wurde die Gleditschie zur Zeitzeugin der turbulenten studentischen Aufbruchzeit Ende der 60er bis weit in die 80er Jahre hinein.

Die ESG verstand sich als „offenes Haus". „Sich einlassen auf die politischen Konflikte" und „Keine Abgrenzung von gesellschaftlichen Veränderungen" war ihr Motto.

Folgerichtig stellte die ESG ihre Räumlichkeiten zahlreichen politischen Gruppen der APO (Außerparlamentarische Opposition) zur Verfügung. Insbesondere profitierten davon viele ausländische Solidaritätsgruppen, denn „die Arbeit für und mit Ausländern" war ein wichtiger Schwerpunkt der ESG.

Für viele Jahre wurde das Martin-Luther-King-Haus zu einem Anziehungspunkt für politisch aktive Menschen und zu einem umtriebigen Ort mit unzähligen Ausstellungen, Büchertischen, Vorträgen, hitzigen Diskussionen, Sit-ins, Hungerstreiks, Vorbereitungen und Planungen von Demonstrationen und Kundgebungen.

Anläßlich einer Blutspende-Aktion für den Vietkong und Nordvietnam im Januar 1973, an der sich Hunderte von Hamburger/innen beteiligten, kam es zum Eklat mit der Leitung der Nordelbischen Kirche.

Es folgten „Umstrukturierungen", Versetzung von drei Studentenpfarrern, 1978 gar die vorübergehende Schließung der Räumlichkeiten mit Polizeieinsatz, Protestkundgebung der ESG auf der Moorweide...

Die ESG lebt weiter: etwas anders und seit dem 1.9.1990 in der benachbarten Schlüterstraße.

Wir setzen unseren Weg in der Grindelallee auf derselben Seite fort. Wenn Sie in den Grindelweg einbiegen, so können Sie im ersten Vorgarten auf der rechten Seite eine weitere Baum-Kuriosität sehen: dort liegt eine MISPEL. Der obere Teil des Stammes wurde vor Jahren abgesägt. Der verbliebene Stamm liegt auf der Erde. Aus ihm wuchsen mehrere Äste. Die Mispel wächst dort seit Jahrzehnten und trägt regelmäßig Früchte.

Wir gehen zur Grindelallee zurück und folgen ihr bis zum Ende, wo auf einer Verkehrsinsel der zur Blütezeit wunderschöne Trompetenbaum wächst.

2b

Trompetenbaum

Schlump
Rotherbaum

2b *„Ich, der Trompetenbaum vom Schlump, biete Ihnen ein weißes Blütenmeer, Elefantenohr-Blätter und Riesenschoten"*

„Ich wurde erst Ende der 50er Jahre hier angepflanzt. Damals war ich etwa 10 Jahre, so daß ich heute ein gutes halbes Jahrhundert alt bin. (Umfang = 2,25 Meter)

Kein Alter für einen Baum, werden Sie sagen. Stimmt. Trotzdem: wir Trompetenbäume erreichen in hiesigen Breitengraden kaum 100 Jahre. Und so gesehen habe ich meine Lebensmitte bereits überschritten. In unserer Heimat hingegen, den südlichen USA, können wir erheblich älter werden.

Auch mit großer Höhe können wir Trompetenbäume nicht protzen. Hier wird unsereins nicht höher als 10, in Ausnahmefällen 15 Meter.

Aber ich biete Ihnen trotzdem vieles: im Sommer z.B. verwandle ich mich in ein wahres Blütenmeer. Jede einzelne meiner Blüten stellt ein kleines Wunderwerk an Schönheit dar: schneeweiß mit purpurnen Flecken und gelben Streifen. Meine Blüten stehen in Gruppen locker zusammen in einer Rispe. Zur Blütezeit bin ich auch aus größerer Entfernung eine Augenweide!

Meine Blätter kommen erst spät – dafür werden sie aber um so gewaltiger. Es sind ‚kleine Elefantenohren'. Außerdem produziere ich auffällige Früchte: lange, an Riesen-Brechbohnen erinnernde Schoten, die während des Winters an mir bleiben, damit ich nicht gar so kahl aussehe.

In Hamburg werden Sie uns Trompetenbäume nur ausnahmsweise als Straßenbäume finden. In Parks oder größeren Grünanlagen dagegen sind wir etwas häufiger anzutreffen.

„Links sehen Sie eines meiner prächtigen Blätter, rechts davon zwei Fruchtkapseln, die mit zunehmender Reife im Herbst braun werden, aber meine ganze Schönheit sehen Sie auf dem großen Foto Seite 34!"

„Beim Schlump 1946/47 links vorne im Bild: Diese Grünfläche mit kleinen Pflanzen wird mein späterer Standort sein. Hier wurde ich gut 10 Jahre später eingepflanzt. Die Straßenbahn Linie 27 fuhr von der Alsterchaussee bis Altona."

Ganz im Gegensatz zu meinem Vis-à-vis, der großen Platane, ist mir der Krieg erspart geblieben. Ich bin aber mit einem großen Teil meiner Umgebung zusammen aufgewachsen. Nach der Fertigstellung des letzten Grindelhochhauses, 1956, wenige Jahre vor meiner Anpflanzung, wurden im Jahre 1958 die 1943 durch Luftangriffe zerstörten Häuser beim Schlump zwischen der Bogenstraße und Ecke Grindelberg errichtet.

Von meinem günstigen Standort mitten auf der Verkehrsinsel konnte ich viele interessante Dinge in Ruhe betrachten, so z. B. die letzte Fahrt der Straßenbahnlinie 2 am 30.9.1978, die von Schnelsen/Niendorf durch die Grindelallee zur Horner Rennbahn fuhr. Sie wurde durch den Bus 102 ersetzt. Gerüchteweise vernahm ich, daß diese Buslinie nun wiederum „bald" durch eine moderne Stadt – (Straßen-)bahn ersetzt werden soll, was – unter uns gesagt – auch für mich wegen der dann etwas weniger verschmutzten Luft sehr angenehm wäre.

Der von Jahr zu Jahr zunehmende Verkehr erforderte im Laufe der Zeit Ampeln, Straßenverbreiterungen und manche weitere bauliche Veränderung. Wie soll das noch weiter gehen, frage ich mich manchmal, denn die Luft wird ebenfalls immer dreckiger hier. Ich kann es beurteilen, denn in meiner Jugend konnte ich noch die relativ gute Luft der für mich goldenen 60er Jahre genießen.

Immer mehr Autos, immer mehr Dreck und Lärm. Kann es denn von allem ‚immer mehr' geben!? Auch manch anderes ist mir als Baum unverständlich.

2b

Trompetenbaum

Schlump
Rotherbaum

„Habe ich Ihnen zuviel versprochen hinsichtlich meiner Blüten?“
(s. auch großes Foto auf Seite 34)

Ich höre ja, was die Leute so erzählen, wenn sie vor mir stehen und meine Blütenpracht bewundern oder über meinen Namen rätseln.

So schnappe ich immer wieder Wörter wie ‚Wohnungsnot‘ auf. Und was soll ich Ihnen sagen! Genau mir gegenüber, Grindelallee 188, steht ein gelber Klinkerbau, der an dieser Ecke etwa 3 Jahre länger steht als ich, nämlich seit 1956. Er ist fünfstöckig und hat 13 Wohnungen.

In diesem Haus – Sie werden es nicht für möglich halten – stehen seit 1982(!) mindestens 11 Wohnungen leer! Wirklich äußerst seltsam! Oder?

Trotz meines bescheidenen Alters bin ich immerhin der älteste Baum auf dieser Insel. Die Eichen wurden erst etliche Jahre nach mir gepflanzt. Saniert wurde ich auch schon, und meine starken Äste werden gestützt und zusammengehalten. Ich hoffe, daß mir dennoch einige Jahrzehnte an Lebenszeit beschieden sein werden. Ich verspreche Ihnen, Sie noch möglichst viele Jahre durch meine Blütenpracht und mein volles Blattwerk zu erfreuen!“

2c Die Platane vor dem Grindelhochhaus, Hallerstr. 1a/Ecke Grindelberg:

„Haben* Sie *den Krieg miterlebt?* Ich *bin Kriegsveteran!

Angst, schreckliche Angst, ja Todesangst hatte ich in jenen fürchterlichen Julitagen des Jahres 1943!" „Noch heute sehe ich diesen bedrohlichen Schwarm von Riesenvögeln vor mir. Dröhnende Bombenflugzeuge, die sich von Norden über Schnelsen, Lokstedt und Hoheluft dem Grindelberg näherten, wo sie ihre tödliche Ladung abluden! Plötzlich stand die ganze Ecke Schlump/Grindelberg lodernd in Flammen. Auch unmittelbar hinter mir in der Klosterallee, die zu jener Zeit mit ihren Villen und Mietshäusern direkt bis auf die Hallerstraße führte, prasselten die Flammen in etlichen Häusern.

Mir wurde heiß, die ersten meiner Blätter und Ästchen glimmten. Das Flammenmeer verschlug mir den Atem. Ich sah auch mein Ende kommen. Wie durch ein Wunder überstand ich das Inferno, während um mich herum Häuser in Flammen standen, Menschen, Tiere und Bäume verbrannten.

Ich freue mich, daß mein Leben so gut dokumentiert ist. Sehen Sie

„Links sehen Sie mich um 1950 – abgehärmt und dürr. Im Hintergrund der Grindelberg. Rechts hinten wachsen meine neuen Nachbarn heran: die Grindelhochhäuser."

2c

Platane

Grindelhochhäuser Rotherbaum

„Im letzten Jahrzehnt wurden die Winter immer milder und schneeärmer. Ausgerechnet heute, am 21.03.1995, gibt es ein längeres Schneegestöber! Frühlingsanfang!"

selbst auf dem Foto, wie ich in den ersten Jahren nach dem Krieg aussah: Mager, dürr, zerzaust und abgehärmt – genau wie die Menschen. Und meine Umgebung! Auch ein Trauerspiel.

Natürlich gab es für mich nicht nur turbulente Zeiten. Um ehrlich zu sein, hatte ich eine wunderschöne Jugend: Ich stand im Garten eines stattlichen Gasthauses mit der prunkvollen Überschrift "Königl. Hofbräuhaus". In den 30er Jahren residierte hier das Café Jalant. Sein schöner Kaffeegarten war direkt unter mir, und ich konnte die vielen Besucher betrachten. Café Jalant war ein beliebtes Tanzlokal, und häufig hörte ich die beschwingte Musik und das Lachen fröhlicher Menschen.

Ab 1950 begann die Aufbauphase der Wirtschaft. In dieser Zeit wurde viel geplant, gebaut und saniert. Auch ich hatte Befürchtungen, daß ich hier von dieser schönen Ecke verschwinden müßte. Aber dieser Kelch ging an mir vorüber.

Heute belästigt mich zwar der enorme Verkehr, der an mir vorbeibraust, aber im großen und ganzen habe ich es für einen Stadtbaum doch recht gut getroffen. Da ich einige Meter von der Fahrbahn entfernt bin, habe ich auch Platz für mein Wurzelwerk.

„So sieht die Ecke Grindelberg/Hallerstaße 45 Jahre später aus. Vergleichen Sie mit der Seite 56. Ich finde mich hier recht dekorativ"

Gewiß, weder vom Umfang noch vom Alter her, kann ich mich mit den beiden sehr großen Platanen messen, die in diesem Buch vorgestellt werden. Immerhin, mein Umfang beträgt auch schon knapp 3,50 Meter, und in gut zehn Jahren werde ich voraussichtlich meinen 100sten Geburtstag feiern können. Und wenn ich bedenke, was ich bisher schon alles mitgemacht und glücklich überstanden habe, so kann ich eigentlich zufrieden sein..."

Zu unserem nächsten Baum führt uns ein gut zehnminütiger Fußmarsch durch die Hallerstraße bis zum Hallerplatz. Dort biegen wir rechts ein und kommen in den Grindelhof. Im Herzen des Grindelviertels grüßt uns...

2 d Die ehrwürdige Platane vor der ehemaligen Talmud-Tora-Realschule, Grindelhof 30

Zeugin schwerster Verbrechen gegen die Menschlichkeit

Diese kräftige Platane mit einem Umfang von fast 4 m war bereits nach der Fertigstellung des Gebäudes im Jahre 1911 etwas höher als das Gebäude. Das Alter des Baumes kann auf etwa 130 Jahre geschätzt werden.

2d

Platane

Grindelhof, Grindelviertel

Die Talmund-Tora-Realschule 1911. Davor steht bereits die Platane. Rechts im Hintergrund die Bornplatzsynagoge.

Unten: So zeigen sich die Platane und das ehemalige Schulgebäude 84 Jahre später

Der Baum „erlebte“ zunächst quirliges Leben einer renommierten jüdischen Schule. Dr. Joseph Carlebach, späterer Oberrabbiner, war ihr Schulleiter von 1921-26. Mit ihm setzte eine Zeit interessanter Reformen und Schulexperimente ein. 1932 wurde die Schule als prüfungsberechtigte Oberrealschule anerkannt. Im Sommer 1939 mußte das Gebäude auf Anordnung des NS-Reichsstatthalters geräumt werden. Es folgte der Zwangsverkauf.

Rechte Seite, oberes Foto: Die Roßkastanie um 1900 (Rothenbaumchaussee 67–69)

unteres Foto: Derselbe Baum 1992

Im Laufe der Jahre „verschwanden“ immer mehr Lehrkräfte und Schüler/innen. Die relativ Glücklicheren konnten emigrieren. Die anderen wurden deportiert und in ihrer Mehrzahl in den Konzentrationslagern ermordet.

Für die letzten drei Deportationstransporte am 19.1.1944, 30.1.1945 und 14.2.1945 nach Theresienstadt war die Schule sogar Sammelstelle. Unter den Augen dieser Platane wurden die Unglücklichen abtransportiert.

Alle weiteren 14 Deportationen fanden im näheren Umkreis der Platane statt. Insgesamt wurden mindestens 8.500 jüdische Hamburger/innen deportiert. Von ihnen überlebten nur wenige hundert Menschen. An und in der Schule sowie in der näheren Umgebung finden Sie zahlreiche Tafeln mit Hinweisen auf die jüdische Geschichte des Grindelviertels und zur Erinnerung an diese Verbrechen.

Nach diesen beiden Platanen erwartet uns eine alte Roßkastanie. Wenn Sie sich in diesem Stadtteil nicht auskennen, gehen Sie am besten den Grindelhof ein kleines Stück zurück, die Hartungstraße rechts hoch bis zur Rothenbaumchaussee und dort wieder rechts.

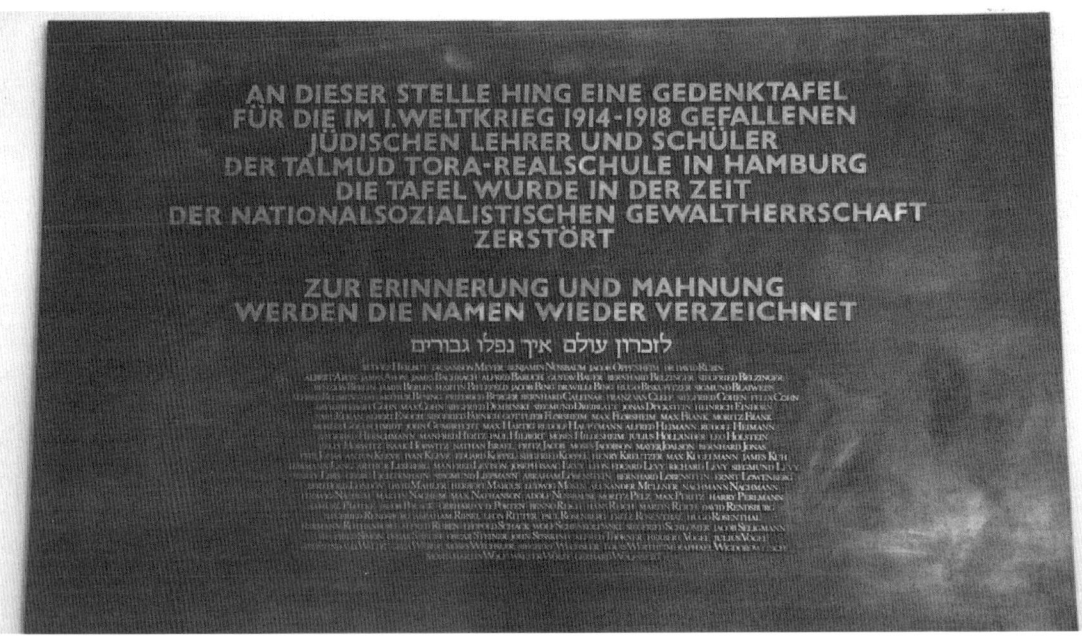

Gedenktafel in der ehemaligen Talmud-Tora-Realschule, jetzt Fachhochschule für Bibliothekswesen

2e Die 130jährige Roßkastanie vor dem einstigen Mollerschen Palais, Rothenbaumchaussee 67–69

2e

Roßkastanie

Rothenbaumchaussee, Rotherbaum

Vor dem imposanten Gebäude, Rothenbaumchaussee 67-69, gegenüber dem Museum für Völkerkunde steht eine kräftige Roßkastanie.

Roßkastanien kamen um 1700 nach Hamburg. In der Literatur werden sie 1716 zum erstenmal in Hamburg erwähnt.

Das prächtige Exemplar vor der Villa hat einen Umfang von 3,50 Meter.

Das Alter kann ziemlich präzise mit 130 Jahren angegeben werden: wie auf dem Foto deutlich zu erkennen ist, war diese Roßkastanie bereits um 1900 ein kräftiger Baum (oberes Foto).

Das Doppelhaus, vor dem die Kastanie steht, wurde 1876/77 erbaut – übrigens nach den Plänen des berühmten Hamburger Architekten Martin Haller. Möglicherweise wurde die Kastanie anläßlich des Hausbaus gepflanzt. Eventuell ist sie sogar noch einige Jahre älter als das Gebäude.

Die Villa war eines der elegantesten und in jedem Fall eines der ersten Gebäude an der Rothenbaumchaussee. Anfangs trugen die beiden Häuser die Nummern 59 und 61 und waren als das „Mollersche Palais" bekannt, denn die zwei Gebäude mit einem riesigen Garten voller Obstbäume, der sich bis zur Schlüterstraße erstreckte, gehörten jahrzehntelang der Familie Moller. Dr. U.P.Moller war seit 1887 Kirchenvorsteher und ab 1896 Ge-

Bilderläuterung siehe linke Seite, oben

Mai 1994: Blick vom Dach des Hauses Rothenbaumchaussee 67–69 auf die Kastanie in voller Blüte. Im Hintergrund: das Völkerkundemuseum.

meindeältester von St. Johannis. 1895 wurde die Villa von der Familie des jüdischen Bankiers Albert Wolff erworben, die in diesem Haus sechs Kinder großzog. 1937 kaufte die UFA - Filmgesellschaft das Haus. Das heutige Gebäude Rothenbaumchaussee 67-69 entstand durch Umbau und Zusammenlegung der beiden Doppelhaushälften. 1958 wurde das Haus von der Stadt für die Universität Hamburg erworben.

Wer sich näher für die Geschichte dieses herrschaftlichen Gebäudes interessiert, ist eingeladen, die in seinem Treppenhaus angebrachten Dokumente, Pläne und Zeichnungen über die Historie des Hauses in Ruhe zu studieren...

Zu dem letzten Baum unseres zweiten Rundganges gelangen Sie am besten, indem Sie die Rothenbaumchaussee Richtung Dammtorbahnhof hinuntergehen und links die Moorweide an ihrem Anfang überqueren.

2f 180 Jahre alt, 6 Meter Umfang, von armdickem Efeu umrankt: die Fontenay-Platane, Mittelweg 185

Leider ist dieser Baum nicht gut zugänglich. Er steht im Hintergarten. Von der Straße aus ist er jedoch dadurch zu erkennen, daß ein riesiger Efeu den Baum bis in die Krone hinein in seinem Griff hat.

Mit großer Wahrscheinlichkeit wurde er von John Fontenay gepflanzt, der 1790 in die Hansestadt kam und bereits mit 21 Jahren einer der reichsten Kaufleute Hamburgs war. 1802 heiratete er die Witwe A.C. Kirsten, die drei Töchter und einen Sohn in die Ehe brachte.

Fontenay, der mehrere Grundstücke zwischen der Alster und dem Mittelweg erworben hatte, legte die hübsche Lindenallee an – später nach ihm „Fontenay“ benannt – und ließ für jedes seiner Stiefkinder eine Platane pflanzen.

Wir sollten davon ausgehen, daß diese nette Überlieferung zutrifft. Sicher ist, daß von den heute lebenden Platanen nur

2f

Fontenay-Platane

Mittelweg
Rotherbaum

Die alte Fontenay-Platane: Bis unter die Krone fest im Griff von armdickem Efeu – auch das eine außergewöhnliche Erscheinung (Foto: 1994)

dieser eine Baum von Fontenay stammen kann. Alle in der Nähe wachsenden Exemplare sind erheblich jünger als dieser 180jährige Zeuge ehemaligen Reichtums, der zusammen mit der Platane im alten Botanischen Garten (vgl. 1a) „Platanenveteran" Hamburgs ist.

Der mächtigste Schnurbaum Hamburgs wurde als Parkbaum in den letzten Jahrzehnten des vergangenen Jahrhunderts gepflanzt

3 Auf der Westseite der Außenalster:

Alsterufer – Alsterpark / Harvestehuder Weg – Eichenpark – Licentiatenberg

Verkehrsverbindung: Bahnhof Dammtor (s. Nr. 1)

Vom Dammtorbahnhof gehen wir direkt durch die Alsterterrasse zum Alsterufer. Kurz vor dem Generalkonsulat der USA, Alsterufer 27/28, grüßt uns von dem gegenüberliegenden Grünstreifen:

3 a Besuch aus Asien: der mächtigste Schnurbaum Hamburgs steht vor dem Generalkonsulat der USA

Die Heimat der Schnurbäume ist China und Korea und nicht etwa Japan, wie der lateinische Name vermuten läßt. Diese Baumart wächst sehr schnell, besitzt hübsche gefiederte Blätter, die erst sehr spät Ende Mai/Anfang Juni erscheinen. Im August/September zeigt er weiße Schmetterlingsblüten in 15-25 cm. langen Rispen.

Als Straßenbäume kommen Schnurbäume in Hamburg nur in wenigen Dutzend Exemplaren vor. Dieser Baum mit einem Stammumfang von 5,23 m ist der mächtigste seiner Art in Hamburg. Sein Alter mag 120 Jahre betragen. Wahrscheinlich wurde er als Parkbaum gepflanzt, als die Villen Alsterufer 27 und 28 in den Jahren 1882/83 nach den Plänen des bekannten Hamburger Architekten, Martin Haller, für die wohlhabenden Kaufleute Michaelsen und Julius Rée erbaut wurden.

Foto rechte Seite: Dicht hinter diesem Schnurbaum stand bis 1993 ein zweiter mit einem Umfang von fast vier Metern. Er wurde leider von einem Herbststurm entwurzelt. (Foto: um 1970)

Die zwei Villen haben eine höchst interessante Geschichte: Während der Nazi-Zeit wurden sie als Parteihaus der NSDAP genutzt und baulich miteinander verbunden. Nach dem 2. Weltkrieg kauften die USA die beiden Gebäude und ließen sie 1950/51 endgültig zusammenbauen.

Bei einem Vergleich alter Fotos mit dem heutigen Zustand des Generalkonsulats kann man noch sehr gut die ursprünglichen

Bauelemente beider Gebäude wie Säulen und Fensterpartien wiedererkennen.

Wir gehen jetzt den Alsterwanderweg Richtung Harvestehuder Weg und Krugkoppelbrücke entlang. Einst gehörte dieses ehemals weitgehend sumpfige Gebiet zum alten Kloster „Herwardeshude". Seit dem 18. Jahrhundert wurde es als Viehweide genutzt. 1848 bauten sich der Reeder Robert M. Sloman jr. und der Kaufmann C.A. Ascan Lutteroth hier am Geestrand größere Landhäuser. In den darauffolgenden Jahrzehnten kamen zahlreiche palastartige Einzelvillen mit Vorland und Gärten hinzu, die bis zur Alster reichten.

1907/8 wurde die Straße Alsterufer angelegt. Um die weitere Gestaltung des heutigen „Alsterparks" entbrannten heftige Diskussionen, bei denen sich viele bekannte Hamburger wie z.B. A. Lichtwark, der Leiter der Kunsthalle, der Architekt Martin Hal-

3a

Schnurbaum

Alsterufer

Der Schnurbaum im Oktober 1994

ler und F.A. Meyer, der Erbauer der Speicherstadt, engagierten.

Zum Ende des 2. Weltkrieges gehörte rund die Hälfte des gesamten Geländes der Hansestadt, nachdem während der Nazi-Zeit viele jüdische Besitzer verfolgt und enteignet worden waren.

Bürgermeister Max Brauer setzte sich mit großem Engagement für die Erhaltung der Grünfläche ein. Die noch verbliebenen privaten Vorgärten wurden gegen Entschädigung enteignet. Es entstand der für die Öffentlichkeit zugängliche Alsterpark, in dem 1953 die IGA (Internationale Gartenbauausstellung) stattfand.

Wir bleiben auf dem Alsterwanderweg. Es lohnt sich jedoch unbedingt – ggf. auf dem Rückweg – ebenfalls die Straßen Alsterufer und Harvestehuder Weg entlangzugehen. In deren Vorgärten stehen verschiedene prächtige Bäume, wie z.B. eine sehr große Esche (Alsterufer 42/43) oder eine schöne breitkronige Rotbuche (Nr. 47). Im Harvestehuder Weg fallen stattliche Rot-, Blut- oder Trauerbuchen auf. Die wunderschönen Blutbuchen vor den Häusern 16/16 a und Nr. 18 haben einen Umfang von 5,00 m bzw. 4,68 m! Zu den Namen eine Erläuterung: Blutbuchen haben rote, Rotbuchen dagegen grüne Blätter. Ihren Namen erhielt die Rotbuche wegen der rötlichen Färbung ihres Holzes.

Wir erreichen die Haltestelle des Alsterdampfers „Fährdamm", neben der eine prächtige Trauerweide steht. 30 m davon entfernt, umgeben von einer runden Rasenfläche, fällt uns eine gut gewachsene kaukasische Flügelnuß auf (Foto Seite 70).

Zwar wachsen im Alsterpark auch an anderer Stelle einige

3a

Schnurbaum, diverse Buchen

Alsterufer/Harvestehuder Weg

Verschwenderische Blütenpracht mit folgender reicher Fruchternte. Derselbe Wildapfelbaum im Alsterpark im Frühling und Herbst 1994

Alsterpark, Fährdamm um 1980: sehr schön fing der Fotograf die gen Himmel strebenden Äste der alten Trauerweide ein. Dazu parallel stehen die Arme der „zwei Kinder beim Drachensteigenlassen". Die Bronzestatue kann nach wie vor bewundert werden. Die Trauerweide wurde vor einigen Jahren gefällt.

Bäume dieser Art. Ich habe aber dieses schöne Exemplar als Blickfang an einer exponierten Stelle sowie ein weiteres wegen seiner auffälligen kugelrunden üppigen Form gewählt, das einige hundert Meter weiter in Richtung Krugkoppelbrücke steht. Somit heißt es:

3 b Zweimal kaukasische Flügelnuß im Alsterpark

Diese Baumart findet sich als Straßenbaum in Hamburg nur etwa einhundert Mal. In den Grünanlagen ist sie jedoch gar nicht so selten anzutreffen.

Kaukasische Flügelnüsse wachsen schnell, fallen durch ihre gefiederten Blätter auf, die bis zu einem halben Meter lang sind. Ähnlich lang werden die Fruchtstände, die wie Schnüre oder dünne Ketten herunterhängen.

Häufig sind Flügelnüsse mehrstämmig. Dieser Baum gefällt durch seinen schönen Wuchs. Sehr alt ist er nicht: vielleicht ein gutes halbes Jahrhundert.

Wir setzen unseren Weg fort, bis wir kurz vor dem Zaun, der das Anwesen Harvestehuder Weg 44 (Anglo-German-Club) umgibt, links am Rande der Rasenfläche die zweite kaukasische Flügelnuß entdecken (siehe Foto unten).

Der Baum gleicht einer großen Chlorophyll-Halbkugel. Dieser Effekt wird hervorgerufen durch die Vielzahl von kleinen Austrieben am Stamm und durch zahlreiche kleine Triebe und Bäumchen, die unter der Baumkrone aus der Erde wachsen.

Durchaus bemerkenswert sind die vielen anderen Baumarten, welche in diesem Teil des Alsterparks stehen, wie z.B. Trauerweiden, Pyramidenpappeln, Erlen, Birken, Eschen, Wildapfelformen. Besonders hingewiesen sei auf mehrere dickstämmige Eichen und einzelne Baumhasel-Bäume (Umfang 1,25 m), die direkt neben dem Harvestehuder Weg wachsen.

3b

Kaukasische Flügelnuß

Alsterpark

So sieht die kaukasische Flügelnuß im März-Schnee aus. Im Sommer gleicht sie einer „Chlorophyll-Halbkugel“ (Foto: 21.3.1995)

Frühling 1994: Die kaukasische Flügelnuß, Fährdamm (s. Seite 67)

Oben: Die jungen Früchte hängen in Ketten am Baum

3 c Die alte Villa am Harvestehuder Weg 44, umgeben von alten Eichen, prächtigen Buchen und einem mächtigen Walnußbaum

Wir befinden uns jetzt vor dem Grundstück, das zur Villa Harvestehuder Weg 44 gehört. Dieses herrschaftliche Gebäude wurde 1865 von Martin Haller für Dr. Max Bielenberg erbaut und Ende vergangenen Jahrhunderts von dem reichen Hamburger Kaufmann Gustav Müller ersteigert. Seit 1948 ist der Anglo-German Club der Besitzer.

Der Garten wird beherrscht von einer prächtigen Blutbuche mit einem Stammumfang von 5,52 m. Sie wird wahrscheinlich beim Bau der Villa gepflanzt worden, also etwa 150 Jahre alt sein. Die Wirkung dieses eindrucksvollen Baumes wird bei bestimmten Anlässen durch kräftige Scheinwerfer-Beleuchtung besonders verstärkt.

Dicht daneben steht eine arg ramponierte Eiche (Stammumfang 4,80 m) ohne Krone und unmittelbar hinten an der Villa ein sehr hoher Walnußbaum.

Den insgesamt reichen Baumbestand der unmittelbaren Um-

gebung der Villa illustrieren die beiden folgenden Fotos.

Wir gehen nun den Harvestehuder Weg weiter und lassen die schöne Villa rechts liegen. Einige sehr stämmige, mehrhundert-

3c

Eichen, Blutbuche

Harvestehuder Weg

Oben: Ein Blick vom Hubschrauber auf die hübschen Villen und den alten Baumbestand am Harvestehuder Weg (1994)

1. *Anglo-German Club*
2. *Die alte Blutbuche im Garten von 1.*
3. *Kaukasische Flügelnuß (s. Seite 69)*

Unten: Könnte der Rahmen schöner sein? Die Villa am Harvestehuder Weg 40. Rechts eine Blutbuche in Herbstfärbung, links eine Lärche, dahinter eine Kiefer (um 1990).

jährige Eichen links von uns an der Straße stimmen uns auf den Eichenpark ein, den wir betreten, nachdem wir die Straße Krugkoppel überquert haben.

3d Im Eichenpark: jahrhundertealte Eichen beim Hagedorn-Denkmal

Schon 1871, als dieser Park umgestaltet wurde, war er wegen seiner alten Eichen bekannt. Der eine oder andere dieser alten Bäume ist im Laufe der vergangenen hundert Jahre verschwunden. So stürzte Ende der 1970er Jahre die „Hagedorn-Eiche" (ca.

Reliefplatte am Hagedorn- Denkmal

300 Jahre alt, Umfang gut 4 m) wegen ihrer verfaulten Wurzeln um. Beinahe wäre sie auf das dicht neben ihr stehende Hagedorn-Denkmal gefallen.

Aber auch heute stehen noch mehrere kräftige Eichen in und bei diesem Park, die zwischen 200 und 300 Jahre alt sind. Die dickste wächst etwa 30 m vom Denkmal entfernt, ungefähr auf halbem Weg zum Ausgang Mittelweg. Sie hat einen Umfang von 5,40 m und ist wohl mindestens 350 Jahre alt (s. S. 76, links).

Sehenswert ist außer dem Hagedorn-Denkmal – eine bronzene Reliefplatte in einem drei Meter hohen Findling -, das 1897 vom Pöseldorfer Bürgerverein gestiftet wurde, ein „Neuling" im Park: die Skulptur „Ätherwelle" des Hamburger Bildhauers Friedrich Wield – direkt am Wasser. Sie wurde erst im November 1994 aufgestellt und hat eine äußerst bewegte Vorgeschichte.

1931 schuf F. Wield im Auftrag des Hamburger Senats das Denkmal zu Ehren von Heinrich Hertz, dem bekannten Physiker und Entdecker elektromagnetischer Wellen. Die Nazis stoppten das Projekt umgehend, denn ein Denkmal von einem jüdischen Bildhauer für einen jüdischen Wissenschaftler war bei ihnen nicht mehr möglich. Wield bekam noch nicht einmal das Honorar, verlor sein Atelier und beging 1940 Selbstmord.

Das Gipsmodell „Ätherwelle" lagerte ein halbes Jahrhundert im Keller der Kunsthalle, bis der Senat vor einigen Jahren beschloß, das Werk in Bronze gießen und aufstellen zu lassen: eine gerechte, wenn auch posthume Ehrung sowohl für Wield als auch für Heinrich Hertz.

3d

Eichen

Eichenpark Harvestehude

Die erste Zeile dieser Informationstafel im Eichenpark lautet: In diesem Gebiet befand sich zwischen 1295 und 1530 das . . .

Die Skulptur „Ätherwelle“ des jüdischen Bildhauers Friedrich Wield

Wir verlassen jetzt den Eichenpark am Ausgang zum Mittelweg, überqueren den Harvestehuder Weg an der Kreuzung zum Mittelweg und sehen vor uns den Hügel des Licentiatenbergparks. Wir gehen den Harvestehuder Weg ein wenig zurück am Rande des Licentiatenbergs bis zu dessen Ende, wo eine Treppe zum Hügel hochführt.

3e Der 430 Jahre alte Halbinvalide im Licentiatenbergpark ist die älteste Eiche Harvestehudes

Die Halbinvaliden-Eiche ist die älteste Eiche Harvestehudes (Foto: 1994)

Sie steht nur wenige Meter rechts von der besagten Treppe. Sie ist nicht nur die älteste Eiche Harvestehudes, sondern gleichzeitig zusammen mit der Jenischpark-Eiche (s. Nr. 12c) eine der ältesten Eichen Hamburgs.

Dieser alte Recke ist wirklich ein Halbinvalide: der Stamm mit einem Umfang von gut 6 Metern ist an einer Seite sehr beschädigt und zum Teil hohl, die Krone ist stark reduziert, zahlreiche Äste wurden bereits entfernt. Der Baum wird seinem (Alters-) Schicksal überlassen, eine Sanierung aus Kostengründen nicht mehr vorgenommen. Trotzdem: jahrein, jahraus schlägt diese urige Eiche kräftig aus. Sie kann noch etliche Jahre leben!

Nördlich dieser Eiche – oben auf dem Hügel – wächst …

Der Stamm des Halbinvaliden . . . (Foto: 1995)

3f Die alte Linde des Dichters Hagedorn auf dem Licentiatenberg

Meine Hand würde ich nicht dafür ins Feuer legen, daß der bekannte Hamburger Dichter und Lyriker Friedrich von Hagedorn unter *dieser* Linde seine Fabeln, Lieder, Gedichte und populären philosophischen Abhandlungen schrieb. Aber mög-

Links:
Die dickste Eiche im Eichenpark (Foto: 1994) hat einen Umfang von 5, 40 m (s. Seite 73)

Rechts:
Die Hagedorn-Linde (Foto: 1995)

lich ist es durchaus, denn Hagedorn lebte von 1708-1754, die Winter-Linde ist vielleicht 250 Jahre alt (Stammumfang 3,70 m), und nachweislich liebte es der Dichter, unter Bäumen mit gutem Ausblick oder in der Nähe der Alster zu sitzen, über die er u.a. schrieb:

„Beförderer vieler Lustbarkeiten,
Du angenehmer Alsterfluß!
Du mehrest Hamburgs Seltenheiten
und ihren fröhlichen Genuß."

Wenn wir nun vom Licentiatenberg auf die Kreuzung Mittelweg/Harvestehuder Weg hinuntersehen, fällt unser Blick auf einen Baum, der aussieht wie …

3g Fast ein Verkehrsschutzmann: Die sanierte Eiche auf der Verkehrsinsel am Fuße des Licentiatenbergs

3g

Eiche

Verkehrsinsel Harvestehuder Weg

Dadurch, daß dieser große Baum allein steht, beherrscht er die Kreuzung und erinnert in der Tat an einen Verkehrsschutzmann.

Die Eiche wurde 1974 baumchirurgisch behandelt: der verfaulte Stamm wurde ausgehöhlt, mit einer Speziallösung isoliert und mit zwei Zentimeter dicken Eisenstangen „korsettiert“. Seinerzeit wurde sein Alter auf 275 Jahre taxiert, so daß er in

Einsam wacht der 300 Jahre alte "Verkehrsschutzmann" . . . (Foto: Frühling 1995)

Links: Der Stamm der Eiche am Anfang der Sanierung 1974

Rechts: Nach vollendeter Behandlung

wenigen Jahren seinen „Dreihundertsten" feiern kann. Der Umfang des Baumes beträgt 4,50 m.

Unser dritter Rundgang endet hier. Falls Sie nicht am Harvestehuder Weg zum Dammtor zurückgehen möchten, können Sie in den Bus 109 steigen, der gegenüber der Verkehrsinsel hält, oder aber noch ein wenig weiter zur U-Bahn Klosterstern (U 1) oder zur U-Bahn Eppendorfer Baum (U 3) gehen.

4 Luruper Weg und Eimsbüttler Marktplatz

4a

Baumhasel

Luruper Weg Eimsbüttel

Verkehrsverbindung: Lutterothstraße (U2)

4 a Luruper Weg: baumloses „Klein-Moskau" – „Nazi-Linden" – Baumhasel

Dieser Teil Eimsbüttels ist nicht gerade mit vielen alten Bäumen gesegnet. Dafür hat Hamburg nur wenige Straßen mit einer derartig turbulenten und wechselvollen zeitgenössischen Geschichte zu bieten, wie gerade den Eimsbüttler Luruper Weg und seine Bäume.

Diese Straße wurde 1906 angelegt, 1910 gepflastert und sehr schnell eng bebaut. Die Wohnungen waren einfach, zu Beginn häufig feucht, aber billig und somit für viele Arbeiter und arme Eimsbüttler erschwinglich.

Luruper Weg mit Baumhasel (Foto: 1994)

„Klein-Moskau“: Luruper Weg um 1930 voller kommunistischer Flaggen und Embleme ...

Der Anteil sozialdemokratischer und kommunistischer Bewohner war sehr hoch. Bis 1933 galt der Luruper Weg als eine der kommunistischen Hochburgen in Hamburg. Einer seiner Beinamen lautete „Klein-Moskau“.

Nach 1933, als die Nazis an der Macht waren, wurden zahlreiche kommunistisch eingestellte Bewohner/innen verhaftet. Rote Fahnen wurden verboten. An deren Stelle erschienen nun Hakenkreuz-Fahnen.

Der Luruper „Weg“ war damals eine triste und kahle Straßenschlucht. Hier setzten die Nazis an und zeigten, wie trefflich man auch mit Bäumen Politik machen kann. Mit viel propagandistischem Aufwand wurden im Januar 1935 von der NSDAP die Vorarbeiten für eine große Linden-Pflanzaktion geleistet. Das Hamburger Tageblatt vom 22.1.1935 feierte die Aktion mit der fettgedruckten Überschrift: „Der Luruperweg wird zur Allee“.

Die Begrünung mit Linden fand viel Zustimmung bei den Bewohnern. Zu Recht, denn eine Bepflanzung einer öden Straße ist selbst dann positiv, wenn deren Urheber z.B. Nazis sind.

Im Mitteilungsblatt der NSDAP, Eimsbüttel-Nord, Nr.7, 1935 hieß es: „... das Grün ihrer Straßenbäume soll zeigen, daß das Sorgen und Mühen der Partei und des Staates nur ein Ziel kennt: Dem deutschen Arbeiter das neue Deutschland zur wirklichen Heimat zu machen, in der er sich wohl fühlen kann ...“

Von „wohl fühlen“ konnte wenige Jahre später nicht mehr die

4a

Baumhasel

Luruper Weg
Eimsbüttel

... und nach 1933. Naziflaggen- wohin das Auge reicht.

Rede sein. Die verbrecherische Politik eben jener Partei und Regierung führte u.a. zu den Bombardierungen, welche nicht nur viele der angesprochenen Arbeiter, sondern auch den größten Teil der Linden dahinrafften. Nach dem Krieg waren dann die Nachwirkungen des von Deutschland angezettelten Krieges durchzustehen. Die gesamte Infrastruktur und Versorgung waren zusammengebrochen, Kohlen fehlten. In den bitterkalten Nachkriegswintern mußten daher aus Not die restlichen Linden gefällt werden.

Heute sind wohl alle „Nazi-Linden" aus der Straße verschwunden. Möglicherweise stammt noch ein einziger Baum aus jener Zeit: die Linde an der Ecke Sartoriusstraße, vor dem Haus Luruper Weg 31 (Stammumfang 1,50 m).

Anfang der 1960er Jahre wurden neue Bäume angepflanzt, und zwar wiederum vorwiegend Linden. Zum Teil sind sie abgestorben, da aus alten und undichten Leitungen Gas in das Erdreich entwich.

1983/84 folgte eine weitere Pflanzaktion. Diesmal wurden Baumhasel mit einem Stammumfang von 33 cm bis 50 cm gesetzt (siehe Seite 79).

Diese Baumart hat sich nicht nur im Luruper Weg bewährt, denn in Hamburgs Straßen wachsen nunmehr etwa 1.800 von ihnen. Baumhasel sind robust, relativ resistent gegen Abgase und Trockenheit, haben eine kleine Krone und werden nicht zu hoch. Die letzten beiden Eigenschaften sind natürlich besonders vorteilhaft in engen Straßen.

Diese Bäume erfreuen uns – ebenso wie ihre Verwandten, die Haselnüsse – mit wohlschmeckenden Nüssen, die in ballförmigen Knäueln wachsen, dickschalig sind und kleine Nußkerne haben.

Heutzutage macht der Luruper Weg keinen öden und düsteren Eindruck mehr. Das ist nicht nur auf die Bäume zurückzuführen, sondern auch auf eine Reihe von Neubauten sowie auf die Renovierung von mehreren Altbauten, die von außen sehr ansehnlich geworden sind, wie etwa die 1901 erbauten Häuser Nummer 7 und 9 mit Goldverzierungen, Nr. 11, das uns freundlich mit der lateinischen Inschrift „Salve" grüßt, oder das 1902 fertiggestellte Haus Nr. 13. Auch in sozialer Hinsicht hat sich manches verändert. Einst billige Mietwohnungen wurden teilweise zu teuren Eigentumswohnungen „umgewandelt" ...

Wenn Sie noch ein wenig in Eimsbüttel verweilen wollen, könnten Sie die Osterstraße hinuntergehen und dort an der Ecke Heußweg den weitgehend unbekannten Unna-Park durchqueren. Folgen Sie dem Heußweg, dann sehen sie auf der gegenüberliegenden Seite ...

Einige Blätter des Baumhasels und das ballförmige Knäuel mit den wohlschmeckenden Nüssen

4 b Die prächtige Blutbuche des Eimsbüttler Marktplatzes

Dieses schöne Exemplar ist ein Blickfänger, zumal in seiner unmittelbaren Umgebung keine großen Bäume wachsen. Sein Anblick ist zusätzlich so wohltuend, da das Auge an diesem Platz überwiegend auf Häuser, Straßenpflaster und die ewig rollende Blechlawine fällt.

Die Blutbuche hat einen Umfang von fast 4 Metern. Sie mag 80-110 Jahre sein. Vielleicht stammt sie aus der Zeit, als der benachbarte Altbau Nr. 31 errichtet wurde.

4b

Blutbuche

Marktplatz Eimsbüttel

Die Blutbuche am Eimsbüttler Marktplatz (Foto: 1994), eingerahmt von einer Linde (links) und einem Feldahorn (rechts)

Das Denkmal wurde 1994 von dem Künstler Ernst A. Nönnecke geschaffen und gestiftet

Der Stamm der alten Kastanie mit den großen Auswüchsen (Foto 1994)

5 Eppendorf: Eppendorfer Landstraße – Eppendorfer Marktplatz – Universitätskrankenhaus (UKE)

Verkehrsverbindung: Bus 114 (Kümmellstraße); U 1/U3 (Kellinghusenstraße), von dort 10 Minuten zu Fuß.

5 a Die urige Roßkastanie gegenüber von Karstadt

In der Eppendorfer Landstraße, wo sich heute Karstadt befindet, bestand lange Zeit ein Friedhof, auf dem 1904 die letzte Beerdigung stattfand.

Schräg gegenüber von Karstadt steht auf dem grünen Mittelstreifen („Rosengarten") eine mächtige Kastanie, deren Umfang fast 4 m erreicht. Der urige Stamm zeigt mehrere große Auswüchse und leider auch ein tiefes Loch, das bereits baumchirurgisch behandelt wurde.

Früher gab es an dieser Stelle ein Gehöft, das 1885/86 abgerissen wurde, um Platz für die Erweiterung der Landstraße zu machen. Demnach wäre der Baum heute etwa 110 Jahre alt – die Pflanzung eines zehnjährigen Exemplares sofort nach dem Abriß vorausgesetzt.

Es ist jedoch nicht auszuschließen, daß dieser Baum einige Jahrzehnte älter ist, denn auf einer Ansichtskarte um die Jahrhundertwende ist die Kastanie bereits als großer Baum abgebildet.

Seit November 1994 befindet sich wenige Schritte von hier entfernt ein Denkmal für den in Eppendorf geborenen Dichter Wolfgang Borchert. (Vgl. auch 5 b.) Es soll an das Leid der Mütter und Kinder erinnern, die sich nach dem Krieg, alleingelassen, einer äußerst schwierigen Situation gegenübersahen.

Wir setzen unseren Weg bis zum Eppendorfer Marktplatz fort.

5 b Die Friedenseiche auf dem Eppendorfer Marktplatz wird 125 Jahre alt

3b

Friedenseiche

Marktplatz Eppendorf

Eigentlich wird sie nächstes Jahr schon 135 Jahre, wenn wir davon ausgehen, daß sie 1871 als etwa zehnjähriges Exemplar gepflanzt wurde. Ihr Stammumfang beträgt 2,45 m.

Gegenüber der jungen Eiche, am Alt-Eppendorfer Brauhaus, endete die Pferde-Straßenbahn. Damals konnte man nicht ahnen, daß der Baum mit seinen weit ausladenden Ästen später einmal die Oberleitung der „Elektrischen" (Straßenbahn) empfindlich behindern würde. Folglich mußte die Eiche mehrfach stark beschnitten werden, so daß sie nicht gerade eine ausgesprochene Schönheit ist. Sie ist vielmehr als wichtige Zeitzeugin Hamburger Geschichte von Interesse. Darüber hinaus erfreut sie uns alle Jahre wieder mit ihrem frischen Grün, obwohl sie am verkehrsreichen Marktplatz alles andere als einen günstigen Standort einnimmt!

Die Eppendorfer „Friedenseiche" ist eine wichtige Zeitzeugin Hamburger Geschichte

An dem Eichenstamm ist eine Tafel befestigt mit der etwas bombastischen Inschrift „Gepflanzt zur Erinnerung an den glorreichen Frieden von 1871". Zur etwas genaueren „Erinnerung": 1870 hatte Deutschland Frankreich unter einem Vorwand überfallen und dem Nachbarland nach einem schnell gewonnenen Krieg obendrein eine sogenannte Kriegsentschädigung von fünf Milliarden Goldmark aufgezwungen. Diese ermöglichten zwischen 1871-1874 die Entstehung zahlloser Aktiengesellschaften und eine enorme Bautätigkeit in Deutschland – bekannt unter dem Stichwort „Gründerjahre".

Zur Relativierung dieses „glorreichen Friedens" wurde vor einigen Jahren neben der Eiche eine Gedenktafel mit Wolfgang Borcherts bekanntestem Gedicht „Sag Nein!" aufgestellt.

Ebenfalls im Gedenken an die Nazi-Zeit entstand 1994 in der Nähe, Ecke Erikastraße/Geschwister-Scholl-Straße, das ungewöhnliche Mahnmal „Verhörzelle" des Künstlers Gerd Stange. Diese, in einen Gehweg eingelassene Zelle, soll an die verhörten und gefolterten Opfer des Faschismus erinnern. Schüler/innen der benachbarten Wolfgang-Borchert-Schule haben die Pflegschaft für dieses Mahnmal übernommen.

Wir verlassen die Friedenseiche und gehen nun die Martinistraße entlang, bis wir auf der rechten Seite das Gelände des

UKE sehen. Gegenüber dem ersten Eingang (Verwaltungseingang) mit dem seit über 100 Jahren unveränderten Eingangsportal stehen auf der anderen Straßenseite am Parkrand …

Die „Friedenseiche" am Eppendorfer Marktplatz (Foto: 1994)

Neben dem Baum steht eine Gedenktafel mit dem vollständigem Gedicht „Sag nein!"

5 c Gesunde „Fünflinge“ gegenüber dem UKE: die Edel-Kastanien

Diese Gruppe von Edel-Kastanien ist nicht so sehr wegen ihres Alters bemerkenswert, denn die Bäume mögen erst Anfang dieses Jahrhunderts gepflanzt worden sein.

An ihnen fällt vielmehr der Wuchs auf: sie stehen als „Fünflings-Gruppe“ zusammen. Drei Bäume sind schräg gewachsen, die beiden anderen gabeln sich in zwei Hauptstämme. Die kleinste dieser „echten“ Kastanien hat einen Umfang von 2,15 m, die größten erreichen Stammumfänge von 2,90 m und 3,35 m.

Wir gehen die Martinistraße bis zum Haupteingang weiter, durch den wir das UKE-Gelände betreten.

5d

Platane, Rotbuche, Linde, Blutbuche

UKE Eppendorf

5 d Die größten Bäume auf dem UKE-Gelände: Platane, Rotbuche, Linde und Blutbuche

Bilderläuterungen siehe bitte Seite 88

Bilderläuterungen zur vorigen Seite:

Seite 87, linkes Foto (Nr. 129): Die hochgewachsene (Winter-) linde (Foto: 1988)

Seite 87, rechtes Foto (Nr. 118): Die ca. 130-jährige Platane vor dem Brauerhaus (Foto: 1988)

Die wichtige Rolle der Bäume beschrieb bereits 1928 der damalige ärztliche Direktor Ludolph Brauer

Informationstafeln teilen uns mit, daß der zwischen 1884-1889 errichtete Baukomplex des Allgemeinen Krankenhauses im Pavillonstil errichtet wurde. Weitgehend wurden dabei die hygienischen Vorstellungen des ärztlichen Direktors von St. Georg, Dr. Heinrich Curschmann, verwirklicht. Die licht- und luftdurchfluteten Räume sollten die Ansteckungsgefahr mindern.

Eine besondere Bedeutung wurde der parkartigen Umgebung mit ihren zahlreichen Bäumen, Büschen und Blumen beigemessen. Die wichtige Rolle der Bäume beschrieb bereits 1928 der damalige ärztliche Direktor Ludolph Brauer in einem Beitrag, betitelt „Eppendorf als Gartenkrankenhaus". Darin schwärmt er u.a. von den herrlichen Blutbuchen, seltenen „Cedern", der 200 m langen Kastanienallee, knorrigen Eichen, einer robusten Silberpappel und von selteneren auf dem Gelände vorkommenden Baumarten wie Baumhasel, kaukasischer Flügelnuß oder Sumpfzypresse.

Sehr viel später, 1989, berichtete Professor Carl Schirren in einem Artikel „Bäume im Park" über seine persönlichen Erlebnisse mit dem Baumbestand im UKE.

Ende der 1950er Jahre konnte er dafür sorgen, daß ein Gingko (s. Nr. 12b), dessen Todesurteil bereits gefällt war, im letzten Moment noch an eine andere Stelle des UKE-Geländes verpflanzt wurde, wo er heute prächtig gedeiht.

In den ersten Jahrzehnten dieses Jahrhunderts wuchsen zahlreiche – auch exotische – Baumarten im UKE-Park. Viele von ihnen wurden Opfer der Bomben im 2. Weltkrieg. Aber auch heute noch befindet sich dort eine Vielzahl unterschiedlicher Baumarten.

Wir beschränken uns an dieser Stelle auf die größten und ältesten Exemplare: Hinter dem Haupteingang halten wir uns gleich rechts, dann noch einmal rechts. Dort steht das 1888/89 erbaute Brauerhaus mit dem Mensa-Anbau. Rechts hinter ihm steht eine kräftige Platane (Nr. 118): Höhe 27 m, Umfang 4,35 m, Alter ca. 130 Jahre.

Etwa 15 m daneben, Richtung Martinistraße, erhebt sich eine prächtige Blutbuche mit einem Umfang von 4,10 m. Sie ist ebenfalls rund 130 Jahre alt.

Wir kehren auf den Weg zurück, gehen ihn links hoch und halten uns dann halbrechts Richtung Pavillon 4. Vor uns erhebt sich eine fast 30 m hohe, mehrfach gegabelte Linde. Sie ist mit einer kleinen „129" ausgezeichnet. Ihr Alter: ca. 120 Jahre, Umfang: 3,70 m. Die auseinanderstrebenden Äste dieses auffallend hohen Baumes werden durch Seile gehalten. Die Linde wurde schon einmal saniert und zuletzt 1984 gründlich kontrolliert.

Unter den nicht wenigen schönen Blutbuchen des Geländes wollen wir zum Schluß dieses Kapitels den Baum vor der Chirurgischen Klinik näher betrachten (Nr. 311). An ihm läßt sich der Wandel der Zeit – insbesondere zur „autogerechten" Stadt – sehr schön fotografisch demonstrieren.

Diese Blutbuche wird Anfang dieses Jahrhunderts gepflanzt worden sein. Ihr Umfang beträgt 3,62. Für ihren Erhalt an dieser exponierten Stelle gab es viele Fürsprecher.

Trotz einer Behandlung im Sommer 1992 durch einen Berliner Baumdienst macht diese hübsche Blutbuche leider einen recht schütteren Eindruck. Hoffen wir, daß sie sich noch lange halten kann!

Für Ihre Rückfahrt können Sie eine der Bus-Linien nehmen, deren Haltestelle sich unmittelbar neben dem Haupteingang in der Martinistraße befindet.

5d

Platane, Rotbuche, Linde, Blutbuche

UKE
Eppendorf

Nr. 311: Die Blutbuche vor der chirugischen Klinik muß sich mit dem „autogerechten" Krankenhaus arrangieren (1992) . .

. . . längst vorbei sind die idyllischen Zeiten der 50er Jahre (Mitte 1950).

6 Großborstel: Borsteler Chaussee Brödermannsweg – Schrödersweg – Lokstedter Damm

Verkehrsverbindung: Bus 114 (Köppenstraße)

Bei Heiraten und Kindstaufen war es Pflicht, junge Bäume zu pflanzen

Bevor wir die Borsteler Chaussee verlassen, sollten wir einen Blick auf die kräftige Eiche vor der Nr. 120 werfen. Dieses stattliche Exemplar hat einen Umfang von 5 Metern. Der neben ihr in die Borsteler Chaussee einmündende Georgiweg ist benannt nach dem Meteorologen und Polarforscher Dr. Johannes Georgi (1888–1972).

Wir überqueren die Borsteler Chaussee und biegen in den Brödermannsweg ein. Dort kann

6 a Der wunderschöne Baumbestand des ehemaligen „Brödermanns-Kohlgarten"

bewundert werden. Rechts befindet sich die Carl-Götze-Schule, die nach einem führenden Pädagogen der Hamburger Reformbewegung benannt ist. Carl Götze, ein begabter Zeichner, Herausgeber der damals bekannten pädagogischen Zeitschrift „Der Säemann", Gründer der „Lehrervereinigung für die Pflege der künstlerischen Bildung", kam 1914 an diese Schule.

Wir gehen an dem Schulgebäude vorbei und dann durch den ersten Eingang rechts. Die Reihe der großen Eichen auf dem Schulhof trennte einst das St. Johannis-Klosterland vom Bauernland. Eichen waren seit jeher die charakteristischen Bäume.

Übrigens war das Kloster St. Johannis Eigentümer sämtlicher Eichen und Buchen – sogar derjenigen auf Privatgrundstücken. Das Fällen von Bäumen war nur mit ausdrücklicher Erlaubnis möglich, Baumfrevel wurde schärfstens bestraft. Bei Heiraten und Kindstaufe war es Pflicht, junge Bäume zu pflanzen und zu unterhalten. (Vielleicht gibt es hier eine Anregung für unsere Zeit? Immerhin kann die Möglichkeit, freiwillig Bäume zu pflanzen, von uns jederzeit wahrgenommen werden: s. Kapitel „Was

können wir *tun*?" auf den letzten Seiten dieses Buchs)

Etwa 80 m vom Eingang entfernt stoßen wir auf eine schöne, breitkronige Blutbuche. Der Baum, der sich dicht über der Erde in zwei Stämme mit jeweils gut 3 Metern Umfang teilt, ist zum Schutze des Wurzelwerks mit einem Holzzaun umgeben.

50 Meter hinter dieser Blutbuche steht mitten auf der Rasen-

6a

Sumpfzypressen und andere

Kohlgarten Großborstel

„Dem Lichte entgegen!": Der eindrucksvolle Stamm einer der fünf Sumpfzypressen (Foto: 1994).

Märchenbuche **(s. Seite 92):** **Besonders auffällig sind zwei dicke Äste, die im Laufe der Jahrzehnte zusammengewachsen sind. Zu ihrer Geschichte folgende Zeilen:**

Zwei Äste fanden Gefallen aneinander,
lange Jahre rieben sie sich,
küßten sich dann inniglich.
Niemand bringt sie mehr auseinander!.

fläche eine malerische Gruppe von fünf 22 m hohen Sumpfzypressen, deren kräftigste einen Umfang von 2,70 m erreicht.

In diesem Gelände werden Ihnen noch andere bemerkenswerte Bäume auffallen. Auf einen besonders interessanten möchte ich Sie hinweisen. Es ist eine Rotbuche, die 10 m von der äußersten Spitze der Turnhalle und etwa 20 m entfernt von dem Straßenzaun (Brödermannsweg) steht.

Diese Rotbuche (Umfang 5,70 m) teilt sich einen Meter über der Erde in zahlreiche Stämme und Äste. Ich habe sie „Märchenbuche" getauft, da sich an Stamm und Ästen eine Vielzahl von Ausbuchtungen, Verwachsungen und knorrigen Teilen befindet, in die sich einige Märchenfiguren hineinphantasieren lassen.

Natürlich wachsen diese besonderen Bäume nicht zufällig an dieser Stelle. Das Alter der Blutbuche, der Sumpfzypressen und der „Märchenbuche" können wir mit grob 150-200 Jahren annehmen. Sie wurden mit größter Wahrscheinlichkeit um 1800 oder in den ersten Jahrzehnten des 19. Jahrhunderts von dem bedeutenden Schiffsmakler Johann Hinrich Brödermann bzw. von seinen Nachkommen angepflanzt. Dieser hatte 1771 von dem Vorbesitzer, Nikolaus Frey, das Gelände – „Lustgarten" genannt –, erworben.

Brödermann ersetzte einen Teil der Eichen und Buchen u.a. durch Nadelbäume und ausgedehnte Rasenflächen. 1878 kaufte Dr. Jacoby, Verfasser der Geschichte des Niedergerichts, den Kohlgarten. 1928 wurde der gesamte Besitz vom Hamburger Staat erworben.

Nach Brödermann wurde dieses Gelände in „Brödermanns Kohlgarten" und der ehemalige Schulweg 1925 in „Brödermannsweg" umbenannt.

Wir kehren durch den Brödermannsweg auf die

Alle Lehrkräfte der Schule waren immer in Sichtweite der alten Bäume pädagogisch tätig: sowohl die gestrengen des Lehrkörpers um 1905 (oberes Foto), als auch die eher „lockeren" des Kollegiums 1979 (unten):

Borsteler Chaussee zurück und gehen in die nächste Straße, den Schrödersweg, hinein. Dort erblicken wir auf der linken Seite vor der St. Peter Kirche…

6b

Eiche

Schrödersweg
Großborstel

6 b Die schräge Eiche vom Schrödersweg

Dieser Baum von außergewöhnlichem Wuchs ist bereits auf einer Ansichtskarte um 1900 abgebildet. Damals war er zwar noch nicht so schief wie heute, aber immerhin auch schon ein stattliches Exemplar mit erkennbarer Schräglage

Die Eiche hat einen Umfang von 4,70 m. Laut offiziellem Baumkataster wurde sie 1741 gepflanzt.

Wir gehen den Schrödersweg weiter in Richtung Lokstedter Damm. Die erste Straße rechts ist die Frustbergstraße. Es lohnt sich, dem Hinweisschild „Stavenhagenhaus" zu folgen, benannt nach dem niederdeutschen Dichter Fritz Stavenhagen, der in Groß Borstel lebte. Sein Denkmal befindet sich direkt neben dem Haus in dem schönen parkartigen Garten. Das repräsentative Gebäude, in dem Informationstafelns über seine Geschichte berichten, kann besichtigt werden.

An der Ecke Schrödersweg/Frustberg befindet sich eine kleine Grünanlage (Falke-Park). Hier fallen besonders mehrere sehr hohe Rotbuchen und einige Eichen auf. Eine bemerkenswerte alte Eiche, saniert, ohne Krone, steht auf einer Rasenfläche.

Die schräge Eiche um 1900 (r). und 1994

Vor dem Haus Nr. 5 ragt eine der mächtigsten Roßkastanien Hamburgs in den Himmel

Fünf Meter von ihr entfernt, versteckt sich in einem Rhododendronbusch eine kleine Büste des Schriftstellers Gustav Falke (1853-1916), der mit seiner Familie in der benachbarten Brückwiesenstraße 27 wohnte. Falke war besonders bekannt durch seine vom Volkslied und der romantischen Dichtung geprägten Verse sowie durch zahlreiche Kinderreime, die er zum Teil in plattdeutsch verfaßte.

Wir setzen unseren Weg bis zum Lokstedter Damm fort. Der Baumbestand des Schröderswegs besticht vor allem durch seine zahlreichen Eichen sowie durch die großen, schlanken Rotbuchen. Drei besonders gutgewachsene Exemplare stehen im Garten Ecke Lokstedter Damm/Schrödersweg 40.

Wir überqueren den Lokstedter Damm und gehen etwa 80 m in den Merckelweg hinein. Vor dem Haus Nr. 5 ragt eine der mächtigsten Roßkastanien Hamburgs (s. Seite 95) in den Himmel. Dieser eindrucksvolle Baum mit einem Umfang von 4,05 m und seiner weit verzweigten Krone ist natürlich besonders im Mai mit seiner Blütenpracht ein wahrer Augenschmaus.

Laut Baumkataster war das Pflanzjahr 1765. Demnach wäre die Kastanie 230-240 Jahre alt. Das scheint mir übertrieben zu sein. Möglicherweise wurde hier zwar 1765 eine Kastanie gepflanzt, diese jedoch später durch den heutigen Baum ersetzt. In jedem Fall können wir annehmen, daß sich diese Roßkastanie des beachtlichen Alters von mindestens 150 Jahren erfreut!

Wir kehren auf den Lokstedter Damm zurück. Nach wenigen Metern sehen wir auf der rechten Seite das Haus Nr. 41 mit einem hübschen Garten. In ihm werden Sie mehrere auffällige Bäume entdecken. Ich möchte Sie auf die in der Mitte wachsende doppelstämmige Sumpfzypresse und vor allem auf die beiden dahinter stehenden Eiben aufmerksam machen:

6 c Die 125jährige Eibe der einstigen Gärtnerei Schröder am Lokstedter Damm

Im vergangenen Jahrhundert gab es zahlreiche Gärtnereien in Groß Borstel. Im Vorgarten des Hauses der Gärtnerei Schröder wurde in den 1870er Jahren zunächst eine Eibe gepflanzt. Die anderen Bäume – so eine zweite Eibe – folgten Jahre später. Selten haben wir eine so gute Fotodokumentation wie in diesem

6b

Eibe/Roßkastanie

Lokstedter Damm Großborstel

Die gewaltige Roßkastanie vor dem Merckelweg 5 (1995) *(s. Seite 94)*

Bilderläuterung zum unteren Foto siehe Seite 96

Fall, durch die das Alter der einen Eibe mit ziemlich genau 125 Jahren belegt wird.

Wenn Sie noch Zeit und Lust haben, könnten Sie den Lokstedter Damm weiter entlang gehen bis zum linkerhand liegenden Tarpenbek-Wanderweg. Dieser führt an vielen hübschen Kleingärten vorbei bis nach Eppendorf.

Bilderläuterung zur vorigen Seite

Seite 95, unten: Rechts hinter dem stehenden Paar ist die kleine Eibe zuerkennen (um 1880). Schauen Sie sich an Ort und Stelle über den Zaun an, was für ein kräftiger Baum daraus nach 115 Jahren geworden ist !

7 Fuhlsbüttel: Die alten Eichen zwischen Hasenberg und ehemaligem „Alsterberg“

Verkehrsverbindung: U 1/S 1 (Bahnhof Ohlsdorf)

Sie verlassen den Bahnhof zur Westseite, halten sich rechts und gehen sofort hinter dem Sommerbad links die Straße Am Hasenberge hoch, bis Auf dem Kamp auf der rechten Seite abzweigt. Dort biegen Sie ein und treffen linkerhand auf eine Grünanlage mit Spielplatz.

Zur Einstimmung möchte ich Ihnen ein wenig Historisches zu den Eichen erzählen, für die Fuhlsbüttel und Umgebung in früheren Zeiten bekannt waren.

Die Dänen hatten während der Besetzung Fuhlsbüttels 1641 und 1686 zahlreiche Eichen gefällt. 1747 kam es wiederum zu umfangreichen Fällaktionen, nachdem die Hamburger Kämmerei den Rest des Fuhlsbüttler Gehölzes verkauft hatte. Der Aderlaß war gewaltig! Man kann annehmen, daß nur sehr wenige Eichen im Fuhlsbüttler Raum die erwähnten Jahre überlebten.

Die verbliebenen, über 200 Jahre alten Eichen wurden von Carl-Otto Fleischhauer aufgespürt und sorgfältig kartiert. 1989 veröffentlichte er den interessanten Beitrag „Alte Eichen als Zeugen historischer Flureinteilungen“, dem die folgenden Einzelheiten im wesentlichen entnommen sind.

Die genannten Eichen zeigen uns, wie die Landschaft in früheren Zeiten ausgesehen hat. Im Fuhlsbüttler Gebiet waren sie Überhälter ehemaliger Knicks, die in ihrer Mehrzahl zur Abgrenzung von Koppeln angelegt waren. Die Bäume fungieren heute als geometrische Örter für die einstigen Flurgrenzen, die wir gut nachvollziehen können, da sich die später gebauten Straßen und Chausseen weitgehend an dem ursprünglichen Wegenetz entlang der Flurgrenzen orientieren.

Fleischhauer wies anhand alter Karten und Luftaufnahmen von Fuhlsbüttel nach, daß „in den letzten 150 Jahren im Durchschnitt in jedem Jahr eine alte Eiche gefallen ist“.

Fünf Eichen in karthographischen Ausschnitten der Jahre 1790, 1885 und 1970

1790

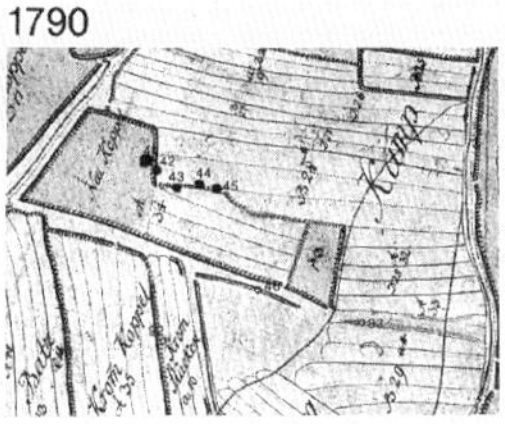

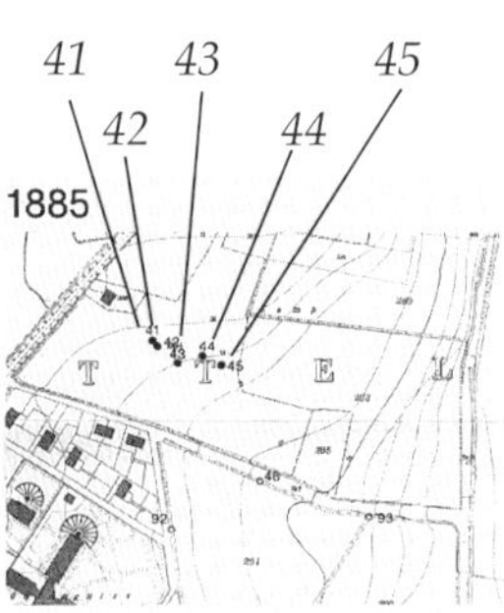

Aus mehreren Dutzend heute noch lebender alter Fuhlsbüttler Eichen habe ich die schönste und älteste Gruppe für eine nähere Betrachtung ausgewählt. Sie befindet sich in der nun vor Ihnen liegenden Grünanlage zwischen Ahornkamp, Birnweg und Auf dem Kamp.

Diese eindrucksvolle Baumgruppe (Nr. 41–45) stammt von einem Grenzknick, der längstens bis 1885 existierte. Auf einem Luftbild von 1927 ist zu erkennen, daß die Bäume auf einer Weide stehen. Bei der kurz darauf erfolgten Bebauung der unmittelbaren Umgebung wurden sie erhalten und in eine Grünanlage integriert. Den damaligen weitsichtigen Planern gebührt ein großes Lob. Moderne Stadtplaner können hier Anregung und Vorbild finden.

Zwei dicht nebeneinander stehende Eichen (Nr. 41 und 42) sind besonders auffällig: die eine hat einen Stammumfang von 2,82 Metern, die andere von 3,30 Metern. Sie wachsen so eng zusammen, daß man sie für eine Doppeleiche halten könnte.

Der dickste der fünf Bäume erreicht einen Umfang von 4,85 Metern. Zum Alter dieser Eichen können wir folgende vage Rechnung anstellen: da sie 1790 bereits als kräftige Bäume kartiert waren, werden sie wenigstens 50 Jahre alt gewesen sein. Demnach hätten sie heute ein Alter von gut 250 Jahren erreicht.

Wenn Sie auf die Straße Am Hasenberge zurückkehren, linkerhand den Suhrenkamp hochgehen, dann stoßen Sie auf die Sengelmannstraße. Dort, im Vorgarten des Hauses Nr. 165, wächst eine schlanke, hochgewachsene Eiche (Stammumfang 4,32 m). Dieser Baum wird 200 – 250 Jahre alt sein. Auch er war einst Teil einer Flurbegrenzung, die aus mindestens elf Eichen bestand. Sieben dieser Eichen stehen noch hinter den heutigen Häusern Alsterkrugchaussee 438 – 448. Diese sind schwer zugänglich, aber auf den Karten von 1790 – 1885 – 1970 gut zu lokalisieren.

Einige dieser Bäume stehen auf Sichtweite des Hauses Alsterkrugchaussee 459, das inmitten von Straßen- und Flugzeuglärm die dörfliche Vergangenheit Fuhlsbüttels anklingen läßt. Dieses 1767 von Hans Daniel Behn erbaute Gebäude – damals noch mit Strohdach – wurde zum ersten Fuhlsbüttler Krug, da der Erbauer an die vorüberfahrenden Fuhrleute Bier ausschenken durfte. Es überlebte als einziger Fuhlsbüttler Bauernhof.

7

Eiche

Am Hasenberge Fuhlsbüttel

Bilderläuterung s. linke Seite

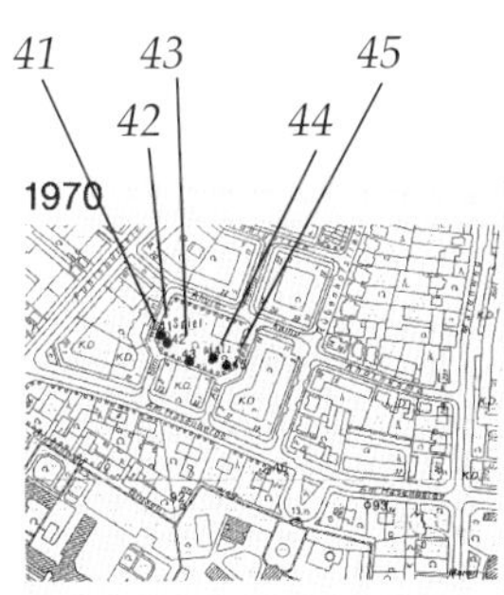

Auf Margarethens Lieblingsplatz wurde ein mit Reliefs und Goldbuchstaben verzierter Obelisk errichtet

8 Lokstedt und Niendorf

8 a Erinnerung an einen frühen Tod: die beiden Eschen am Von-Axen-Obelisk

Verkehrsverbindung: Bus 102 (Nedderfeld/Lokstedt)

Sie gehen die Kollaustraße hoch nach Norden und biegen auf der linken Seite in den Heckenrosenweg ein. Nach zweihundert Metern (auf halber Strecke, *nicht* links einbiegen!) sehen Sie rechts neben dem Weg einen verwitterten Obelisk, der von zwei Eschen flankiert ist.

Der Obelisk befindet sich auf dem Gelände, das ehemals zum Kollauer Hof gehörte. Dieser Hof mit mehreren Gebäuden und reichlich Gartenland wurde 1786 von dem Hamburger Kaufmann und Bürgerkapitän Jakob IV. von Axen erworben. Von Axen ließ einen großen Teil des Gartenlandes in einen malerischen Park umwandeln, der sehr schnell zum Mittelpunkt des Hamburger gesellschaftlichen Lebens mit vielen großen Festen wurde.

Die beiden hübschen Töchter von Axens, Catharina Margaretha und Juliane Maria, übten auf viele Gäste eine außergewöhnliche Anziehungskraft aus.

Catharina Margaretha verstarb plötzlich und unerwartet. Laut KOLLAUER CHRONIK, Bd. I, erschien daraufhin am 25.9.1799 in den „Hamburger Nachrichten", Rubrik: Todesfälle, folgende Meldung:

„Am 13. September: Jungf. Catharina Margaretha von Axen, Jakob von Axen ältesten Tochter, am 26. Jahre ihres Alters. Im abgewichenen Jahre begleitete sie ihre verheiratete Schwester nach Berlin, woselbst sie sehr bald mit einer Unpäßlichkeit befiel, die allmählich in eine Luftröhren-Schwindsucht ausartete, woran sie am obbemeldten 13. September ihren Geist aufgab."

Auf Margarethens Lieblingsplatz wurde ein mit Reliefs und Goldbuchstaben verzierter Obelisk errichtet. Die Reliefs und Goldbuchstaben sind seit 1850 verschwunden. Bereits 1812 hatte die Witwe von Axens ihr Landhaus an die Familie Siemers verkauft. Seit 1867 gehörte dann die Wiese, auf welcher der

8

Eschen

Lokstedt

Der Obelisk mit den beiden Eschen (Foto: 1994).

Blätter und Früchte der Eschen

Obelisk steht, nicht mehr zum ehemaligen Kollauer Hof.

Die verschwundene Pracht des Obelisken ließ die 1922 erschienene KOLLAUER CHRONIK, Bd. I, auf der Seite 330 lamentieren: „Grau und trübselig ragt der Sandstein noch heute hart am Fußwege, der ins Dorf Lokstedt führt, von vier Vogelbeeren flankiert splitternackt auf splitternackter Weide. ... Es

Die Eschen könnten zwei Überlebende des ursprünglichen Quartetts sein

kostet Mühe, die Reste der schwarz aufgemalten Inschrift zu entziffern. Lautet sie nicht: ‚Glückseligkeit ist einsamer Art und haßt Pracht und Reichtum'? Die Nagelstellen der Goldbuchstaben sind noch erkennbar. Es ist ein Trauerspiel. Ist niemand in Lokstedt, der diese historisch so wertvolle Reliquie wieder zu Ehren bringt? ... Selbst in dieser schweren und nüchternen Zeit gibt es in Lokstedt noch eine Menge Geschichtsfreunde. Hier ist ein Feld, sich zu betätigen."

Frage und Aufforderung zum Tun verhallten sieben Jahrzehnte unbeantwortet. Vielleicht findet sich heute ein „Geschichtsfreund" oder „Sponsor", der sich um den Obelisken und die beiden Eschen verdient machen will?

Ein Nachtrag: Ende 1994 wurde vor dem Obelisken eine kleine Tafel mit einem Hinweis auf seinen Ursprung aufgestellt.

Auf einem undatierten Foto besagter Chronik, S. 328, ist der Obelisk von vier hochgewachsenen Bäumen umgeben. Nach dem Wuchs zu urteilen, handelt es sich eher um Eschen und nicht – wie in der Chronik angegeben – um Vogelbeeren (Ebereschen), die ähnlich gefiederte Blätter haben. Wenn diese Annahme zutrifft, wären die beiden heute neben dem Obelisken wachsenden hohen Eschen zwei überlebende des ursprünglichen Quartetts.

Ihr Umfang beträgt 2,85 m und 2,82 m. Sie mögen etwa 90 Jahre alt sein.

Sie könnten jetzt von hier aus einen großen Bogen in nordwestlicher Richtung durch das Niendorfer Gehege bis zu unserem nächsten Baum schlagen (8 b). Er ist allerdings einfacher zu finden, wenn Sie auf die Kollaustraße zurückgehen und zum Niendorfer Marktplatz fahren (Bus 102).

8 b Die Robinie der Alma de l'Aigle

Verkehrsverbindung: U 2, Bus 102, 192 oder Schnellbus 35 bis Niendorf-Markt.

Sie gehen bis zu der schönen Niendorfer Kirche, lassen sie links liegen und setzen Ihren Weg parallel zu der Straße Niendorfer Gehege bis zum Waldcafé Corell fort. In nördlicher Richtung gehen Sie am Parkplatz entlang, bis Sie nach etwa 150 Metern

8b

Robinie

Niendorf

In Würdigung ihrer Verdienste wurden 1959 eine Robinie und ein Gedenkstein gesetzt

rechts eine große Wiese sehen. An ihrem nördlichen Rand führt ein Wanderweg vorbei, neben dem ein Gedenkstein für die Hamburger Reformpädagogin, Schriftstellerin und Rosenzüchterin Alma de l'Aigle (1889 – 1959) steht.

Die dicht hinter dem Gedenkstein wachsende Robinie (Falsche Akazie) ist kein sonderlich spektakulärer Baum. Bemerkenswert sind indessen die Umstände seiner Pflanzung.

Der liberalen Alma de l'Aigle, die wegen ihrer naturphilosophischen Bücher über Erziehung von den Nazis Berufsverbot erhielt, ging es als Pädagogin wesentlich darum, Kindern Freude an Pflanzen mit ihren Farben und Düften zu vermitteln.

Die Familie de l'Aigle besaß sowohl in der Rothenbaumchaussee 21/23 als auch im Eppendorfer Appener Weg große naturnahe Gärten, die sich durch ihre bunte Vielfalt an Rosen und seltenen Apfelbäumen auszeichneten.

Übrigens wurde 1991 ein Teil des Eppendorfer „de l'Aigle-Garten" von der Umweltbehörde zum Naturdenkmal erklärt.

Alma de l'Aigle verstarb 1959 und wurde im Familiengrab auf dem Niendorfer Waldfriedhof beerdigt. In Würdigung ihrer zahlreichen Verdienste ließ die damalige Senatorin für das Hamburger Forstwesen, Frau Kiep-Altenloh, anläßlich des „Tag des Baumes" im April 1959 eine Robinie und einen Gedenkstein setzen.

Die Wahl der Robinie ist darauf zurückzuführen, daß sich die naturliebende Alma de l'Aigle sehr für den Erhalt einer Robinie am Stephansplatz engagiert hatte.

In der Chronik „Hamburg-Niendorf", Bd. I, von Horst Grigat, ist auf der Seite 455 die Robinie kurz nach ihrer Pflanzung im Jahre 1959 als schmächtiges Bäumchen abgebildet. Heute ist daraus ein hochgewachsener Baum mit kräftigem Stamm geworden, an dem die Baumliebhaberin Alma de l'Aigle gewiß ihre Freude gehabt hätte.

Wir kehren jetzt wieder zu der Niendorfer Kirche zurück. Diese sehenswerte achteckige Barockkirche wurde 1769/70 auf dem damaligen Theebarg erbaut. Um sie pflanzte man einen Kranz von 72 Linden, die 200 Jahre später (1971) gefällt wurden. Sie sollen (alle?) zu morsch gewesen sein.

Hinter der Kirche, zwischen dem alten Friedhof und dem Waldteil finden wir eine Reihe hoher Bäume. Sie sind Überreste

Der Gedenkstein für Alma de l'Aigle

Großes Bild rechte Seite: Niendorf um 1850: Deutlich ist in der Reproduktion des Gemäldes von Friedrich Beyle der „Lindenkranz" um die Kirche zu erkennen. Das Bild befindet sich in der Schule Niendorfer Marktplatz. Der Künstler erstellte das umfangreiche Wandgemälde 1953 nach alten Zeichnungen und Karten.

der Allee, die zum Anwesen der Familie Berenberg-Gossler führte, das der Bankier Johann Hinrich Gossler 1847 erworben hatte.

Die Urgroßmutter des heute noch lebenden Heinrich Freiherr von Berenberg-Gossler, Mary Elisabeth Gossler, geb. Bray, war eine ausgesprochene Baumliebhaberin. Sie ließ etliche Bäume wie Ahorn und amerikanische Pinien aus ihrer Heimat Massachusetts (USA) importieren und auf dem Familienbesitz pflanzen. Aus jener Zeit stammen noch zwei hohe amerikanische Pinien, die in der Nähe des Friedhofs stehen.

Hier, in dem ehemaligen „Gossler-Park", der 1962 an den Hamburger Staat verkauft wurde, erwartet uns:

8 c Die ehrwürdige Niendorfer Rotbuche hinter dem alten Friedhof

Diese schönste und größte Rotbuche Niendorfs finden Sie, wenn Sie vom Niendorfer Marktplatz kommend den Weg zwischen der linkerhand liegenden Kirche und dem rechts stehenden Schulgebäude nehmen. Nach etwa 100 Metern schlagen Sie links den Wanderweg ein, der am Zaun des Spielplatzes und des Friedhofs entlangführt. Nach weiteren hundert Metern stoßen Sie auf Ihrer linken Seite zwischen Friedhofszaun und Wanderweg auf eine gewaltige Rotbuche mit einem Stammumfang von 5,30 m. Geschätztes Alter: 150–200 Jahre.

8c

Rotbuche

Friedhof Niendorf

Links: Die schönste und größte Rotbuche Niendorfs (Foto: 1995)

Rechts: Der spätbarocke Zentralbau der Niendorfer Kirche heute

Dieser hübsche Baum zeichnet sich durch eine Vielzahl von starken Ästen aus, die knapp fünf Meter über der Erde in alle Himmelsrichtungen wachsen. Dadurch erhält die Rotbuche eine mächtige, weit ausladende Krone.

Auch diesem Baum könnte man den Titel „Märchenbuche" verleihen, denn in seinen abwechslungsreich gestalteten Stamm und in seine zahlreichen Stark-Äste lassen sich mancherlei Phantasie-Figuren hineininterpretieren.

Rechts vom Stamm sind zwei Äste zusammengewachsen, von denen einer abgestorben ist. Etliche eingeschnitzte Daten und Initialen „verzieren" den Baum bis weit hoch in seine Äste.

Wir verlassen die Rotbuche, kehren zum Niendorfer Marktplatz zurück und gehen an einer schönen, an der Straße alleinstehenden Sumpfzypresse vorbei, den Garstedter Weg bis zur Nr. 9 hinunter.

8 d Die stärkste Eiche Hamburgs steht am Tibarg: 8 Meter Umfang!

Die alte Tibarg-Eiche vom Hof Nr. 6 mit der Tochter des Heimatkundlers und Fotografen Max Möller (Foto: Mitte 1920). Bereits vor 70 Jahren war diese Eiche ein kräftiges Prachtexemplar!

Genauer gesagt wächst sie im Garten des Hauses Nr. 9, heute in Staatsbesitz, hart am Zaun vom Parkplatz des Supermarktes Minimal. Diese Eiche ist nicht nur die dickste ihrer Art im Hamburger Raum, sondern gleichzeitig der dickste aller hanseatischen Bäume: 8 Meter Umfang!
Manche halten sie für „älter als 500 Jahre". Ein Fachmann (Knitt, Bezirksamt) gibt ihr jedoch wegen ihres günstigen Standorts „nicht mehr als 250 – 300 Jahre".

Dieser eindrucksvolle Veteran steht auf dem Gebiet des ehemaligen Hofes Nr. 6. Der Hof und sein damaliger Besitzer Hans Schlubeck wurden im Jahre 1550 zum ersten Mal erwähnt. Danach gab es insgesamt 42 Besitzerwechsel! Ab 1716 wurde er nicht mehr als Bauernhof bewirtschaftet, sondern von Städtern erworben und überwiegend als Landsitz mit schönem Park genutzt. 1789 umfaßte das Anwesen rund 70 Hektar.

Der letzte private Eigentümer war Alwin Lippert (1846 – 1902), nach ihm wurde der gegenüberliegende Weg benannt. Lippert hatte eine Stiftung für hilfsbedürftige Menschen gegründet und testamentarisch verfügt, daß der Erlös aus dem Hofverkauf der Stiftung zukommen solle. Die Inflation machte das Geld

8d

Eiche

Am Tibarg
Niendorf

Der gewaltige Eichenstamm 1994. Im Hintergrund die ehemalige Lippertsche Villa

dann allerdings wertlos. Seit 1920 ist der Hof im Besitz der Gemeinde. Im Wohnhaus Lipperts wurde dann 1928 eine Berufsschule untergebracht, heute befindet sich dort die Nebenstelle der Staatlichen Schule für Ernährung und Hauswirtschaft (W 7).

Wir gehen den Garstedter Weg wenige Meter zurück, am Bus-Bahnhof entlang auf den Tibarg, halten uns rechts und laufen direkt auf die Gastwirtschaft „Zur Doppeleiche“ (Tibarg 52) zu. Dort wächst:

8 e Die Tibarger Doppeleiche von 1898: „Up ewig ungedeelt“

So wie hier wurden auch in mehreren anderen Stadtteilen 1898 Eichen gepflanzt (vgl. 11b und 12a). Die Pflanzung von Doppeleichen erfolgte immer nach dem gleichen System: zwei junge Eichenbäume wurden dicht nebeneinander gepflanzt und an einer Stammstelle ganz fest zusammengebunden, so daß sie dort im Laufe der Jahre zusammenwuchsen.

Diese Doppeleichen stellen ein Symbol für die Erhebung der Schleswig-Holsteiner gegen die Dänenherrschaft im Jahre 1848 dar. Ein Stamm verkörpert Schleswig, der andere symbolisiert Holstein. Mit ihrer Pflanzung im Jahre 1898 wurde der Tag der fünfzigjährigen Wiederkehr der Erhebung gefeiert. Die Inschrift

Foto oben (um 1900): Rechts steht die kleine Doppeleiche am Garstedter Weg (heute Tibarg)

Foto rechts: Die Doppeleiche 1994. Wenn man direkt an die Eiche herantritt, erkennt man deutlich die beiden zusammengewachsenen Stämme.

Unten: Der vor der Doppeleiche stehende Findling kommt aus dem Ohmoor

auf den Gedenksteinen „Up ewig ungedeelt" ist die verkürzte Form eines historischen Ausspruchs des Dänenkönigs Christian I., der 1460 feierlich verkündet hatte: „Wy lawen das Sleswigk und Holsten bliwen ewich tosamende ungedeelt".

Grigat berichtet in seiner Chronik, daß die Bäumchen von den Niendorfern Seelig und Lemmermann persönlich aus der Baumschule von Ehren in Nienstedten abgeholt und auf einer Tragbahre zum jetzigen Standort gebracht wurden, wobei den beiden ein alter Klarinettenspieler („Pankoken“) voranging, der zur Feier des Tages aufspielte.

Der Stein vor der Doppeleiche ist ein Findling aus dem benachbarten Ohmoor.

Hier endet unser achter Rundgang. Die Rückfahrt ist ab Niendorf Markt möglich.

9

Eiche

Sola-Bona-Park
Eidelstedt

9 Eidelstedt (Sola-Bona-Park)

Verkehrsverbindung: Bus 182, 183, 281, Schnellbus 35 (Reichsbahnstraße)

Zu Unrecht ist diese kleine Parkanlage vielen Hamburgern unbekannt, denn das Gelände hat eine interessante Geschichte und bietet gerade Baumfreunden einiges.

Den Namen erhielt der Park durch eine Inschrift am Herrenhaus, auf das wir stoßen, wenn wir den Park an der Kieler Straße 102 betreten. „Sola bona, quae honesta“ – Gut ist allein, was ehrbar ist – so lautet der honorige Spruch, den der damalige, nicht ganz so honorige Besitzer Reichwaldt an dem Landhaus anbringen ließ.

*April 1992:
Vergeblich versuchen zwei neunjährige Buttjes – Julian Vieth und Johannes Roeske – den riesigen Stamm der Eiche zu umspannen …
ihnen zum Trost: auch als ausgewachsene Männer würde es ihnen niemals gelingen, 5,20 m zu umfassen!*

Hochgewachsen und wunderschön: der Baumbestand des Sola-Bona-Parks

Diesem wortgewandten katholischen Pfarrer gelang es zwar, von mehreren Seiten Geld für den Kauf des Anwesens (1754) und Umbau des Gebäudes zu leihen. Die Einnahmen aus dem Wirtshausbetrieb deckten hingegen nicht die hohen (Zins-)Ausgaben, obwohl das Gelände mit seinem schönen Park und dem malerischen Fischteich zu einem beliebten Ausflugsziel vieler Hamburger geworden war.

In seiner finanziellen Not soll sich Reichwaldt an gute Einnahmequellen durch das älteste Gewerbe der Welt erinnert haben. Seine „Freundinnen" wandelten in argloser Schäferinnentracht auf dem Gelände, so daß es alsbald in Hamburg hieß, „Sola Bona" sei durchaus nicht so „honette" wie die Hausinschrift es verhieße ...

Reichwaldt protestierte, lud einen Pastor zur höchstpersönlichen Untersuchung ein, die Gerüchte verstummten bald. Indes, es half alles nichts: Reichwaldt machte 1757 Konkurs. Er verstarb ein Jahr später.

In den darauffolgenden Jahrzehnten wechselten die Besitzer ständig. Eine völlig andere Nutzungsart gab es ab 1852, nachdem der praktische Arzt Dr. Wilhelm Grabau den Besitz erworben und den Wirtschaftsbetrieb eingestellt hatte. Er eröffnete die berühmt gewordene „Wasserheilanstalt Sola Bona". Angewendet wurde das Schroth'sche Heilverfahren mit besonderer Diät. Dr. Grabau kaufte umliegende Gebiete dazu, vergrößerte und verschönerte das Parkgelände. Der Agnes- und der Betty-Brunnen spendeten Wasser, das als besonders heilkräftig angesehen wurde. Viele Jahre lang waren Kurgäste, die mittlerweile von weit her kamen und auf dem Gelände wassertrinkend von einem Brunnen zum anderen schlenderten, ein vertrautes Bild.

1861 verkaufte Dr. Grabau das Anwesen, der Kurbetrieb wurde anscheinend 1871 eingestellt.

Nach wechselnden Besitzern erwarb schließlich die Hansestadt Hamburg den Besitz im Jahre 1954.

Besonders erwähnenswert ist der schöne Baumbestand des Parks: uns erfreuen u.a. etliche hochgewachsene Blut-, Rot- und Trauerbuchen, ein hoher Tulpenbaum, zwei wunderhübsche Federbuchen, eine kräftige Magnolie sowie zwei sehr alte Eiben mit einem bemerkenswerten Stammumfang.

Unweit der Eibe, am hinteren Ende der Rasenfläche verdient

ein prächtiger Baum unsere uneingeschränkte Bewunderung. Es handelt sich hier um die:

9

Eiche

Sola-Bona-Park Eidelstedt

Schönheitskönigin mit Riesenkrone: die 350jährige ist die schönste aller alten Hamburger Eichen

Eidelstedter sprechen gern von ihrer „tausendjährigen Eiche". Das ist zwar gröblich übertrieben, tut der ausgesprochenen Schönheit dieses Baumes jedoch keinerlei Abbruch. Dieser mächtige Recke, dessen Alter bei gut 350 Jahren liegen mag, hat einen Umfang von 5,20 Metern.

Da die Eiche freisteht, konnte sie im Laufe der Zeit ungehindert eine riesige Krone nach allen Seiten entfalten, die 1200 Quadratmeter Boden beschattet. Und ihre zahlreichen dicken Äste?: „Wie Elefantenrüssel" – so schrieb vor 20 Jahren eine Hamburger Zeitung.

1969 wurde der verfaulte Innenteil des Stammes entfernt, die entstandene Höhle zum Teil mit einer Zementspritze zur Stabilisierung des Stammes gefüllt. Seitdem ist die Rinde fast vollständig um den Zementkern herumgewachsen.

Vor einigen Jahren erlitt diese würdige Schönheitskönigin erhebliche Verletzungen: Kampfhundebesitzer hetzten ihre Tiere gegen den Stamm, aus dem ganze Rindenteile herausgerissen wurden. Das Bezirksamt verpaßte der Eiche im unteren Teil ein Maschendrahtgitter. Seitdem kann sie in Ruhe weiterwachsen – hoffentlich noch lange, lange Zeit!

Die Eiche im Sola-Bona-Park 1994. In natura sieht sie schöner und majestätischer aus!

10 Ottensen: Övelgönne – Klopstockstraße – Altonaer Balkon

Verkehrsverbindung: Bus 112 (Neumühlen/Övelgönne)

Bei Sturmflut steht der Baumstamm gelegentlich bis zu einem Meter im Elbwasser

10 a Die Riesen-Feldulme vor dem Oevelgönner Fährhaus: ein Relikt aus früherer Elbe-Aue-Landschaft

Dieser Teil Hamburgs hieß bis zum 17. Jahrhundert Fischerbode. Damals wohnten Fischer in ihren Boden (Buden) direkt hier an der Elbe. Der Name Oevelgönne entstand um 1650.

Die auffällige Feldulme wächst vor dem Oevelgönner Fährhaus. Sie ist insofern ein Relikt aus früheren Zeiten, als vor vielen hundert Jahren weite Stellen der Elbe von einer Aue-Landschaft gesäumt waren, in denen u.a. zahlreiche Ulmen wuchsen. Man kann also sagen: diese Ulme gehört hier eigentlich her.

Die Elbaue ist seit langem verschwunden, bis auf einen Überrest im Heuckenlock (s. 17b). Die Feldulme ist hier zum Einzelgänger geworden. An die Aulandschaft erinnern den Baum nur noch gelegentliche Sturmfluten, die seinen Stamm für kurze Zeit bis zu einem Meter unter Wasser setzen.

Feldulmen – zumal dieser Größe – sind zu einer ausgesprochenen Rarität in Hamburg geworden. Sie ist wahrscheinlich die größte oder zumindest eine der größten Feldulmen Hamburgs: ihr Umfang beträgt 4,50 Meter, ihr Alter können wir nur grob auf 200 – 350 Jahre schätzen.

Foto (1994) rechte Seite: Das Weitwinkelobjektiv ermöglicht auch den Blick auf die Övelgönner Nachbarschaft der alten Feldulme. Die hellgelbe Farbe der oberen Baumpartie wird durch eine Fülle der ca. 1 cm großen Früchte hervorgerufen.

Gut einen Meter über der Erde teilt sich der Stamm in vier Stark-Äste, die steil nach oben ragen und dem Baum zu einer schönen vollen Krone verhelfen. Unweit dieser Stelle (am Heuberg in Neumühlen) wuchs einst eine knorrige Ulme vor dem Lokal „Zur alten Ulme". Als sie etwa 250 Jahre alt war, riß ihr ein orkanartiger Sturm die Krone ab (5.12.1895). 1928 wurde der Baum wegen der Verbreiterung der Fahrbahn gefällt, die Gaststätte wurde trotz zahlreicher Proteste abgerissen.

In der Ottensen-Chronik, S. 127, ist unter dem Titel „Die ‚Alte Ulme' bleibt unvergessen" das folgende Gedicht eines unbekannten Poeten (oder Poetin) wiedergegeben:

„Die alte Ulme stand vorm Gasthaus in Neumühlen
und ließ von Kinderhand gar oft den Stamm befühlen.
Von frohen Kleinen, die ihn kannten und verehrten,
und deren Eltern sie in sanftem Ton belehrten:
‚Das ist ein alter Ulmenbaum; schon lange steht er da,
und kleiner war er kaum, als wir von Altona
gleich euch als Kinder hier vorüber sind gegangen
und ihn – genau wie ihr – versuchten zu umfangen.'
Durch solch ein Wort ward Liebe zum Baum in vielen groß;
und daß er ihnen bliebe, schon allen zweifellos.
Doch fuhr ihm Sonderreue die Axt durchs Lebensmark.
Geduld! Es wird der Neue auch wieder groß und stark."

10a

Feldulme

Övelgönne

Ein nachträglicher Hinweis zu diesem Gedicht: den erhofften „Neuen" hat es nie gegeben...

Bilderläuterung siehe linke Seite

„Hamburg bereitet dem großen Dichter eine Totenfeier, wie sie die Stadt noch nie sah“.

Von der Feldulme wenden wir uns Richtung Hafen, gehen die Straße Neumühlen und ihre Verlängerung, die Kaistraße, nach oben bis zur Klopstockstraße, die wir überqueren.

10 b Die Klopstock-Linde vor der Christianskirche

Die Christianskirche wurde 1735 – 1738 erbaut und nach dem dänischen Landesherrn König Christian VI. benannt. 1759 richtete man den Friedhof rund um die Kirche ein. Sein bekanntestes Grab gehört dem Dichter Friedrich Gottlieb Klopstock (1724 – 1803).

Klopstock, heute ein weitgehend vergessener Dichter, entfesselte nach der Veröffentlichung seines Hauptwerkes, dem „Messias“, und seiner Oden Begeisterungsstürme in ganz Deutschland. Nicht nur Geistesgrößen wie z.B. Goethe, Wieland, Ewald von Kleist, Gluck, sondern Hunderttausende waren hingerissen. Klopstock gab der Dichtung eine neue nationale Bedeutung. Sein umfangreiches Werk umfaßte geistliche Lieder, geschichtliche Dramen und deutsche Sprachstudien.

Die Berühmtheit und das Ansehen Klopstocks zeigten sich bei seinem Begräbnis im Jahre 1803, dessen Wagenfolge aus 126 Kutschen bestand und an dem 50.000 Menschen teilnahmen.

Joachim Fernau beschreibt die Trauerfeier in seinem Buch „Genies der Deutschen“ wie folgt:

„Hamburg bereitet dem großen Dichter eine Totenfeier, wie sie die Stadt noch nie sah“.

Von allen Türmen läuten die Glocken.

Alle Schiffe haben Halbmast geflaggt.

Vierspännig rollt der Wagen mit dem Toten durch die Straßen, in denen die Menschen zu Zehntausenden stehen.

Ganz Hamburg hat Trauerkleidung angelegt.

Auf dem Sarg liegt inmitten von Lorbeer das aufgeschlagene Buch „Messias“.

Unter gedämpfter Trauermusik seiner Ode „Vater-unser“ folgen die Regenten der Stadt, die Abgeordneten von Fürsten und die residierenden Gesandten von Belgien, Dänemark, England, Frankreich, Österreich, Preußen und Rußland und die Domherren.

10b

Linde

Klopstock-Platz Ottensen

Die Klopstock-Linde mit der Grabstätte vor der Christianskirche (Foto: 1994)

Der Trauerzug bewegt sich nach Ottensen.
Ottensen ist zur Zeit noch dänisch.
An der Grenze nimmt eine Ehrengarde dänischer Husaren den Sarg in Empfang und geleitet ihn weiter dorthin, wo Klopstock ruhen wollte: unter der Linde auf dem Dorffriedhof, an der Seite Cidlis."

Um die Linden ranken sich zahlreicheLegenden und Spekulationen

Ein Nachtrag: „Cidli", Margarete (Meta) Moller, Klopstocks erste Frau, war seine große Liebe. Sie starb 1758 – vier Jahre nach der Hochzeit.

Unter der erwähnten Linde wollte der berühmte Dichter in der Tat gern ruhen. Für immer und dort „wo wir länger nicht träumen" – wie Klopstock es einmal ausdrückte.

Ursprünglich waren es sogar *zwei* Linden, unter denen er seine letzte Ruhe fand. Klopstock hatte sich seine Grabstätte persönlich ausgesucht und im Jahre 1759 für 21 Mark erworben. In dem Grabbrief über den Kauf wurden die genauen Maße, der Preis und ausdrücklich „die beeden Lindenbäume" angegeben. Um die Linde(n) ranken sich zahlreiche Legenden und Spekulationen.

Tatsächlich gab es also zunächst zwei Linden auf Klopstocks Grabstätte. In der „Altonaer Zeitung" heißt es, daß „eine der beiden Linden wenige Tage vor dem Begräbnis von dem vorwitzigen und übelunterrichteten Totengräber vor dem Begräbnis auf eine recht mörderische Weise behauen wurde, und das trotz der dringenden Bitte von Klopstocks Gattin, die Linde bei der Öffnung des Grabes zu schonen".

Ebenfalls wird die Aussage des Domherrn über den Zustand der Linde vor der „mörderischen Behauung" zitiert: „Ueppig ist eine dieser Linden emporgewachsen... weithin umher der schönste Baum".

Das Relief an der Hauswand gibt Auskunft über den Ursprung des Namens Palmaille

Wir können also davon ausgehen, daß die heutige (übriggebliebene) Linde schon 1759 mehrere Jahrzehnte alt gewesen sein muß. Demnach dürfte ihr Alter zwischen 250 und 300 Jahren liegen. Ihr heutiger Umfang beträgt fast drei Meter.

Unabhängig von dem genauen Alter können wir festhalten, daß die Klopstock-Linde zum Wahrzeichen des Friedhofs geworden ist und bereits Geschichte gemacht hat: im Jahre 1877 erhielt Ottensen nämlich ein Stadtwappen, in dem der Baum als heraldische Linde verewigt wurde.

Wir setzen unseren Weg fort bis zur Ecke Max-Brauer-Allee/ Palmaille. Dort, an der Wand des ersten Hauses in der Palmaille, zeigt ein Relief den Ursprung des Namens dieser Prachtstraße. 1638/39 ließ Graf Otto die Palmaille anlegen, wo gegen Entgelt das in Italien ehemals äußerst beliebte Spiel „palla e maglio" (Kugel und Hammer) gespielt werden konnte.

Ende des 18. Jahrhunderts begann mit der Berufung von Chr. F. Hansen zum königlich-dänischen Landbaumeister der Ausbau dieser Straße zu einer der hervorragendsten Renommierstraßen der Hansestadt. Es wurden zahlreiche, architektonisch bedeutende klassizistische Bauten errichtet. Die herrlichen (Linden-)Baumreihen in ihrer Mitte machten die Palmaille zu einer beliebten Flaniermeile.

Wir überqueren die Palmaille und betreten den genau gegenüberliegenden Altonaer Balkon. Wir folgen dem Weg Richtung Elbe. Rechts am Weg, kurz bevor wir nach links abbiegen, sehen wir einen kleinen Baum, der in Hamburg nicht allzu häufig anzutreffen ist: eine *Federbuche*.

10b

Linde

Klopstock-Platz Ottensen

Federbuche 1994 – aber Vorsicht, hier wurde ein bißchen „geschummelt". Eine derartige Federbuche gibt es nicht auf Hamburger Boden. Dieses Exemplar steht in Mecklenburg-Vorpommern (Schloßhotel Fincken). Das Foto zeigt sehr klar das feine Laubwerk dieser Baumart.

Wir wenden uns nach links und erreichen sehr schnell einen Gedenkstein:

10 c Poetisches über die Japanischen Zierkirschen auf dem Altonaer Balkon: Blütenregen als Zeugen der Vergänglichkeit

Dieser Gedenkstein sowie einhundert Zierkirschen-Bäume wurden der Hansestadt 1984 von den hier lebenden Japanern geschenkt. Einige der einhundert Bäume sind zwischenzeitlich eingegangen. Viele von ihnen, die in unmittelbarer Nähe des Gedenksteines wachsen, erfreuen uns jedes Jahr wieder mit ihrer Blütenpracht.

Das Kirschblütengedicht

Dieses großzügige Geschenk gehörte zu den insgesamt 5.000 Bäumen, die der Hansestadt vermacht wurden (s. auch 1d). Nebenbei sei erwähnt, daß die japanische Kolonie ebenfalls die Pflanzkosten von 20,- Mark je Baum übernommen hatte.

Zu dem schönen Gedicht sollte man noch folgendes wissen: auf japanisch heißt Kirschblüte „Sakura". Sie steht für Vergänglichkeit und Reinheit. Kirschbäume und insbesondere Zierkirschbäume sind in Japan weit verbreitet. Man pflanzt sie dort in den meisten Fällen als Wälder, die ganze Berge überziehen, oder auch entlang Flußläufen und Straßen, in Parks und Tempelgebieten. Es werden so viele Bäumchen wie möglich zusammengesetzt, um den Eindruck eines Waldes zu erwecken. (Schriftliche Informationen vom japanischen Vizekonsul, Herrn Eiichi Ito.)

Den Inhalt des Gedichtes kann man wohl am besten zum Ende der Blütezeit nachempfinden, wenn Tausende von kleinen rosafarbenen Blütenblätter herabfallen und den Boden für eine kurze Zeit mit einem zarten Blütenteppich überziehen.

Nach diesem besinnlichen Abschluß können wir während des 15-minütigen Rückweges zum Bahnhof Altona, wo uns S-Bahn und zahlreiche Busverbindungen angeboten werden, das Gedicht in Ruhe auf uns wirken lassen.

10c

Zierkirschen

Palmaille Altona

Die Uralt Eibe (s. Seite 118). Ist sie „nur" einige Jahrhunderte oder bald tausend Jahre alt?

11 Othmarschen: zwei bemerkenswerte Bäume in der Liebermannstraße

Verkehrsverbindung: Bus 115 (Ernst-August-Straße)

11 a Die Uralt-Eibe am Kriegerdenkmal

Schon die Römer waren von den ausgedehnten und düsteren Eibenwälder Germaniens beeindruckt

Wenn Sie die Liebermannstraße in nordwestlicher Richtung hinaufgehen, dann stoßen Sie wenige Minuten von der Haltestelle entfernt linkerhand auf das etwas abseits von der Straße gelegene Kriegerdenkmal. Das Denkmal, eine 2,5 Meter hohe Pyramide aus Natursandstein, wurde am 2.9.1923 eingeweiht.

Der dicht neben dem Kriegerdenkmal stehende Baum wird gelegentlich als „Tausendjährige Othmarscher Eibe" bezeichnet. Von diesem hohen Alter ist der Baum sicherlich einige Jahrhunderte entfernt. Aber der für eine Eibe bedeutende Stammumfang von 3,05 Metern zeigt an, daß dieses Exemplar mehrere Jahrhunderte alt ist (Foto s. Seite 117).

Wie alle Eiben macht auch diese einen düsteren Eindruck. Aber der Baum ist sehr gut gewachsen und konnte sich im Laufe der Zeit nach allen Seiten frei ausbreiten.

In Hamburg sind Eiben nicht sehr häufig zu finden. Es mag von ihnen hier insgesamt einige Tausend geben. Als relativ große Bäume werden es nur einige Hundert sein, als hanseatische Straßenbäume kommen sie gerade in zwei Dutzend Exemplaren vor.

Einst war die Eibe weitverbreitet und ein typischer Baum der keltischen und germanischen Wälder. Aus heutigen Flur- oder Ortsnamen kann auf ehemalige Eibenstandpunkte geschlossen werden: Taxöldern oder Taxberg (nach dem lateinischen Namen taxus); oder auch: Ibersheim, Ibach, Iba ...

Die Römer waren durch die ausgedehnten und düsteren Eibenwälder Germaniens beeindruckt und wußten um den Wert des Eibenholzes, das sehr fest und gleichzeitig elastisch ist. Daher wurde es schon seit der Steinzeit für die Herstellung von

Wurfhämmern, Armbrüsten, Pfeil und Bogen gern verwendet. Auch haltbare Möbel wurden aus Eiben hergestellt.

Es war also kein Zufall, daß der Bogen, der neben dem etwa 5.000 Jahre alten Leichnam des Gletschermannes „Ötzi“ im Tiroler Ötztal gefunden wurde, ausgerechnet aus Eibenholz war! Die große Nachfrage nach Eibenholz bestand durch die Jahrhunderte, und die von den Römern eingeleitete Dezimierung der Eibenbestände setzte sich bis weit über das Mittelalter hinaus fort.

Erwähnenswert ist ferner, daß Eiben zweihäusig sind – etwas sehr besonderes bei Nadelbäumen. Die männlichen Bäume tragen kugelige Kätzchen, die im Frühjahr ausgiebig ihren hellgelben Blütenstaub verteilen. Viel bekannter sind die roten, wächsernen Beeren der weiblichen Eiben, die in ihrem Inneren ein Gift enthalten.

Gegenüber der Eibe – auf der anderen Seite der Liebermannstraße – steht unübersehbar, von einem eisernen Gitter umgeben:

11 b Die Doppeleiche der Othmarscher Frauen und Jungfrauen

Die beiden Eichen wurden am 24. März 1898 gepflanzt, und zwar aus dem gleichen Anlaß wie die anderen in diesem Band beschriebenen Doppeleichen (s. Tibarger Doppeleiche und „Eiche auf zwei Beinen“).

Tafel, Schutzgitter und Findling der Doppeleiche (Foto: 1992)

Auf einem gewaltigen Findling neben der Doppeleiche springen die großgeschriebenen Jahreszahlen 1848/98 ins Auge. Ursprünglich gab es außerdem zwei Tafeln mit den Wappen von Altona und Schleswig-Holstein. Sie fanden irgendwann einmal „Liebhaber" und verschwanden. 1980 wurden sie durch Blechtafeln ersetzt.

Der auffällige Hinweis der anderen Tafel auf die Jungfrauen Othmarschens erfordert keine anatomische Interpretation. Er bezieht sich wahrscheinlich auf die damals bei feierlichen Anlässen auftretenden „Ehrenjungfrauen". In der um 1898 allgemein verbreiteten patriotisch-national(istisch)en Hochstimmung wollte das weibliche Geschlecht offensichtlich nicht zurückstehen und stiftete ebenfalls einen Teil dieser Gedenkstätte.

Othmarscher Doppeleiche, Gesamt-Ansicht (Foto: 1994)

12 Jenischpark – Wesselhoeftpark und Lünkenberg – Kanzleistraße

12a

Doppeleiche

Jenischpark
Klein Flottbek

Verkehrsverbindung: Bus 115 (Marxsenweg)

12 a Vor dem Nordeingang zum Jenischpark (Hochrad): eine Eiche auf zwei Beinen

Dieser Baum wurde wie die anderen Hamburger Doppeleichen 1898 gepflanzt. Etwa 20 Jahre später folgte neben der Doppeleiche die Errichtung des Denkmals für die im Ersten Weltkrieg gefallenen Soldaten.

In Anlehnung an die Gedenktafeln von 1898, heißt die Denkmals-Inschrift in „Plattdütsch": „ Up ewig unvergeten".

„Schreitender Mensch" – oder haben Sie bei diesem Bild eine andere Assoziation …? Es ist: die Eiche auf zwei Beinen (Foto: 1994)

Eine derartig gigantische Aufzucht von Forstpflanzen war in jener Zeit in Deutschland absolut einzigartig

Wir gehen nun durch die gegenüberliegende Pforte des Nordeinganges in den Jenischpark hinein. Dieser Park ist zusammen mit dem Hirschpark die bekannteste Parkanlage Hamburgs, über die es eine reiche Literatur gibt.

An sich wäre die Bezeichnung „Caspar-Voght-Park" gerechter, denn es war Caspar Voght, der später zum Baron ernannt wurde, welcher diesen Park und seine Umgebung nach englischem Vorbild schuf.

An dieser Stelle darf ein ausdrücklicher Hinweis auf die besonderen Verdienste Caspar Voghts um die Hamburger Bäume nicht fehlen. Kurz nach dem Erwerb der Ländereien (1785) ließ Voght für die ersten Anpflanzungen eine ganze Schiffsladung voller ausländischer Bäume und Sträucher kommen.

Nachdem er in Schottland den erheblichen wirtschaftlichen Nutzen der Forstwirtschaft erkannt hatte, sorgte er für eine Aufforstung im großen Maßstab: unter der Regie seines schottischen Gärtners James Booth wurden zwischen 1796 und 1800 etwa 400.000 Setzlinge von Nadelbäumen gesteckt. (Heutiges Volksparkgelände.)

Foto rechte Seite: Der älteste Ginkgo Hamburgs im Herbstkleid. Im Hintergrund: Japanischer Fächerahorn (Foto: 1992).

1798 ließ er eine eigene Handelsbaumschule unter der fachlichen Leitung von J. Booth anlegen, um die jungen Bäume „wohlfeil" zu bekommen und liefern zu können.

Um 1800 wurden auf viele Kilometer das Elbufer, die Blankeneser Berge und die umliegenden Heideflächen mit „Voghtschen" Bäumen aufgeforstet.

Eine derartig gigantische Aufzucht von Forstpflanzen war in jener Zeit in Deutschland absolut einzigartig. Diese Pioniertat von Voght gab den entscheidenden Impuls für eine umfangreiche Ausbreitung von Baumschulen in ganz Südwestholstein. Im Laufe eines Jahrhunderts entwickelte sich dort das größte Baumschulgebiet der Welt!

So kann man Caspar Voght mit Fug und Recht einen weiteren Beinamen geben „Vater der (norddeutschen) Baumschulen".

Der Jenischpark ist nicht nur wegen seiner Gestaltung und des Museums für den berühmten Bildhauer und Grafiker Ernst Barlach bekannt, sondern gleichfalls auf Grund seines zum Teil urigen Charakters und seines alten Baumbestandes. Besonders imponieren die vielen mächtigen Eichen, einige alte Buchen, sowie etliche exotische Bäume in dem kleinen Arboretum

(Baumgarten) im Nordteil des Parks.

In dem Arboretum – etwa 80 m halbrechts vom Nordeingang entfernt – steht direkt an der Spitze einer Wegkreuzung:

12b

Ginkgo

Jenischpark
Klein Flottbek

12 b Der älteste Ginkgo Hamburgs – ein Vertreter der ältesten Baumart der Welt.

Der große Baum mit einem Stammumfang von 3,35 m soll nach Karl Baedeker der „größte und schönste Ginkgo Deutschlands" sein. Diese bereits 1962 in „Hamburg und die Niederelbe" getroffene Aussage mag etwas übertrieben sein. Von seiner Schönheit verlor der Baum zwischenzeitlich ohnehin etwas, da ihm vor einigen Jahren von einem Sturm die Spitze abgebrochen wurde. Gesichert ist, daß dieser Ginkgo der älteste seiner Art in Hamburg und Norddeutschland ist. Wahrscheinlich wurde er

Der „exotische" Ginkgo war vor der Eiszeit auch in Europa weit verbreitet

von dem schottischen Landschaftsgärtner James Booth in den ersten Jahren des vergangenen Jahrhunderts angepflanzt.

Demnach wäre er nicht ganz 200 Jahre alt und damit nur wenige Jahrzehnte jünger als die ältesten Ginkgos Deutschlands, die auf der Kasseler Wilhelmshöhe stehen.

Dieses Alter ist für einen europäischen Ginkgo enorm hoch, denn der älteste Baum dieser Art in Europa wurde erst 1730 in Holland (Botanischer Garten von Utrecht) gesät.

Ginkgos sind Bäume voller absonderlicher Eigenschaften, denen daher eine ausführliche Würdigung gebührt. Viele Laien sehen den Ginkgo als „exotische" Baumart an. Tatsächlich war diese Art jedoch vor der Eiszeit auch in Europa weit verbreitet! Die Art „Ginkgo biloba", um die es sich in diesem Fall handelt, ist mit einem nachgewiesenen Alter von 150 Millionen Jahren die älteste Baumart der Welt.

Mit der Eiszeit verschwand sie aus Europa und wurde erst Ende des 17. Jahrhunderts von dem deutschen Botaniker und Mediziner in holländischen Diensten Engelbert Kaempfer in Japan wiederentdeckt. 1712 beschrieb er den Ginkgo ausführlich und bebilderte ihn in seinem Buch „Amoenitatum Exoticarum".

Von Japan, Holland und England aus wurde der Ginkgo durch Saatgut, Stecklinge und Ableger nach ganz Europa und 1784 in die USA verbreitet.

Dort feiert der robuste Überlebenskünstler wegen seiner Unempfindlichkeit gegen Abgase große Erfolge als Straßenbaum z.B. in den Straßenschluchten von Manhattan, wo er in den letzten 25 Jahren zum meistgepflanzten Baum aufstieg. In Japan blickt der Ginkgo bereits auf eine sehr lange Tradition als Straßenbegrünung zurück.

Zu den Absonderlichkeiten dieser Baumart gehören ihre Blätter. Obwohl der Baum grüne Laubblätter trägt, die sich im Herbst übrigens wunderhübsch goldgelb verfärben, wird er von den Botanikern als Nadelbaum klassifiziert. Bei einem normalen Laubbaum gehen von der Mittelrippe nach links und rechts feine Adern ab. Beim Ginkgo hingegen sind alle Adern gleich stark und verlaufen parallel zueinander, geradeso als ob viele Nadeln zusammengewachsen seien.

Der lateinische Name „biloba" bedeutet zweilappig, da das Blatt in der Mitte tief eingeschnitten ist. Diese außergewöhnliche

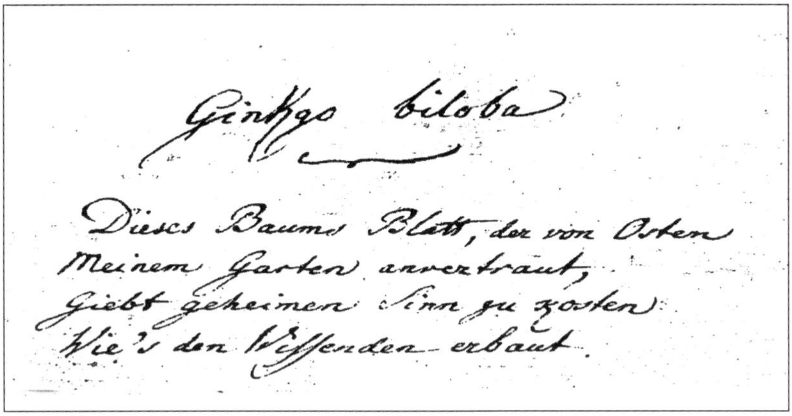
Ginkgo biloba
Dieses Baumes Blatt, der von Osten
Meinem Garten anvertraut,
Giebt geheimen Sinn zu kosten
Wie's den Wissenden erbaut.

12b

Ginkgo

Jenischpark Klein Flottbek

Der Anfang des Gedichts in Goethes Original-Handschrift

und fremdartige Blattform inspirierte Goethe, der nicht nur ein großer Dichter und Frauenfreund, sondern auch ein angesehener Botaniker war, zu seinem folgenden berühmten Gedicht. Er verfaßte es 1815 und widmete es der jungen Marianne von Willemer, nachdem er mit ihr zusammen einen schönen Ginkgo im Heidelberger Schloßpark voller Begeisterung betrachtet hatte. Später wurde das Gedicht im Westöstlichen Diwan, Buch Suleika, veröffentlicht.

Ginkgo biloba
Dieses Baumes Blatt, der von Osten
meinem Garten anvertraut,
gibt geheimen Sinn zu kosten,
wie's den Wissenden erbaut.

Ist es ein lebendig Wesen,
das sich in sich selbst getrennt?
Sind es zwei, die sich erlesen,
daß man sie als eines kennt?

Solche Frage zu erwidern,
fand ich wohl den rechten Sinn:
Fühlst du nicht an meinen Liedern,
daß ich eins und doppelt bin?

Die Blätter sind nicht nur wegen ihrer sonderbaren Form, sondern auch wegen ihres Inhalts bekannt, denn sie enthalten

Nicht nur die Blätter und Früchte des Ginkgos werden verwertet, sondern auch sein Holz

zahlreiche Wirkstoffe, die u.a. gegen Mangeldurchblutung eingesetzt oder in Form von Wundpflaster und Heiltee verwendet werden. Das Konzentrat des Blätterextraktes enthält mehr als 40 Substanzen! Während früher die Blätter ausschließlich von Ostasien geliefert wurden, kommen sie heutzutage von großen Plantagen aus den USA und Frankreich (Nähe Bordeaux).

Ginkgos sind zweihäusig. Im Fernen Osten werden die Bäume häufig paarweise angepflanzt, was der dortigen Vorliebe für Gegensätze Yin und Yang, weiblich und männlich, Nord und Süd entspricht. Bei uns finden sich fast ausschließlich männliche Bäume. Der Grund: die weiblichen Früchte strömen einen unangenehmen Geruch aus.

Die Frucht ist zur Reifezeit gelb und enthält eine Nuß. Diese wird in gerösteter Form in Asien als „Pa-Kewo" sehr geschätzt. Sie wird dort ähnlich gern gegessen wie in anderen Ländern Pistazien.

Nicht nur die Blätter und die Früchte des Baumes werden verwertet, sondern ebenfalls das Holz, das z.B. in China schon seit undenklichen Zeiten verarbeitet wird.

Wen wundert es, daß eine Baumart mit so vielen Qualitäten in Asien sehr verehrt wird und in Europa viele Namen besitzt wie Fächerblattbaum, Japanischer Tempelbaum, Goldfruchtbaum, Vierzig-Taler-Baum bzw. Tausend-Taler-Baum, „Urvater der Bäume", oder „Lebendes Fossil" (Darwin), maiden-hair-tree im angelsächsischen Sprachraum.

Wo so viel Licht ist, muß es auch Schatten geben: wegen seiner Widerstandsfähigkeit gegen Insekten aller Art bedeutet der Ginkgo ökologisch gesehen für „seine Umwelt nicht viel mehr als ein Telefonmast" wie es im Buch „Bäume der Welt" formuliert wird. Während etwa Eichen und Linden Tausende von Lebewesen beherbergen, werden Ginkgos von Insekten und Vögeln gemieden. So gesehen sind Ginkgos fast steril.

Wir gehen weiter bis zum Jenischhaus. In einer Entfernung von etwa 90 m steht links (östlich) von ihm dicht vor dem Wiesenrand die älteste Eiche des Parks:

12 c *„Ich stehe hier seit 400 Jahren. Mindestens. Seit kurzem mit Stahlkorsett. Trotzdem unverwüstlich!" ...brummelt die alte Stieleiche.*

„Genau! Und angesichts meines Alters gestatten Sie ja wohl, daß ich persönlich zu Wort komme. Ich brauche keinen Erzähler.

Zur Klarstellung: es gibt hier noch andere sehr alte Verwandte von mir. Ich *aber bin die älteste Eiche des Parks. Und die dickste: 7,45 m Umfang!*

12c

Stieleiche

Jenischpark
Klein Flottbek

„Seit mehr als zwanzig Jahren lebe ich ganz gut mit meinem Stahlkorsett" (Foto: 1994)

„Und nicht nur einmal blickte Caspar Voght bewundernd zu mir hoch".

Zur Zeit des 30jährigen Krieges stand ich schon hier. Da war ich so 50 oder 100 Jahre alt. Seinerzeit mußte ich häufiger um mein Leben fürchten. Soldaten, Mordbrenner und allerlei Gesindel brauchten ständig Holz fürs Lagerfeuer, zum Kochen, um sich zu wärmen. Auch die Bauern und Landarbeiter waren immer auf der Suche nach Brennholz.

Endlich: Entwarnung! Ende des 18. Jahrhunderts tauchte ein sehr naturliebender Mann auf: Caspar Voght. Später wurde er gar Baron. Kaufte alle 4 Bauernhöfe der Umgebung auf. Das gab viel böses Blut. Klagen und Beschwerden der Alteingesessenen in Flottbek bei höchsten Stellen. Verständlich.

Aber welch eine Persönlichkeit dieser Caspar Voght: Reicher Kaufmann. Energiebündel. Organisationstalent. Weitgereist. Wissensdurstig. Ließ nach englischem Vorbild einen riesigen Landschaftspark gestalten, viel größer als der heutige Jenischpark. Gründete eine beispielhafte Baumschule, eine vorbildliche Landwirtschaftsschule, ein landwirtschaftliches Mustergut. Modernisierte die Landwirtschaft. Führte sogar den Kartoffelanbau in Norddeutschland ein. Sorgte bestens für seine Landarbeiterfamilien: Wohnungen („Instenhäuser"), Krankenversorgung; Schule. „Vater der Armen" nannten ihn viele.

Für mich war er ein Segen. Oft kam er bei mir vorbei. Ich hörte, wie er anderen von seinen Plänen erzählte. Mit Begeisterung. Und nicht nur einmal blickte er bewundernd zu mir hoch!

*„Und auch **Sie**, meine Betrachter, dürfte ich überleben".*

Auch an den schottischen Gärtner James Booth erinnere ich mich gut. So um 1800 hatte er die Baumschule von Voght übernommen. So weit ich blicken konnte, pflanzte er ständig neue Bäume, vor allem exotische.

Dann kam Jenisch. Seines Zeichens Senator. Kaufte den Park von Voght. Ließ 1830-33 das Landhaus als Wohnsitz erbauen. Seitdem ist dieses Jenischhaus mein ständiges Gegenüber. Denken Sie nur nicht, es wäre hier immer ruhig und beschaulich gewesen! Schon um 1800 kamen zahlreiche Besucher und Reisende von nah und fern. Alle wollten die Flottbeker Parkanlage sehen. Englisches und England waren „in". So würde man wohl heute sagen ....

Und immer die Riesenfeste, Bälle und andere Geselligkeiten im Jenischhaus! Unter den vielen Festivitäten erinnere ich mich besonders an den September 1845. „Déjeuner Dînatoire" zu Ehren Christians VIII. von Dänemark. Ein Riesenempfang. Und ein unglaublicher Lärm!

Dann 1862: Die Witwe, Senatorin Fanny Jenisch, wußte ebenfalls zu feiern. So die Silberhochzeit Ihres Schwagers, eines Bankiers. Das Haus und ein Teil des Parks waren mit Flaggen geschmückt und Tausenden von Lampen illuminiert.

Auch der spätere Freiherr von Jenisch hatte noch so um 1900 zahlreiche Gäste von Rang. Sogar Kaiser Wilhelm I. gab sich die Ehre. Auch unter mir stand er! Übrigens ebenso wie 1962 de Gaulle beim Staatsbesuch in Hamburg.

Jenisch gab das Haus auf. Der Werftlärm von der anderen Elbseite störte ihn. 1927 wurde der Park öffentlicher Besitz.

Noch einmal gab es für mich eine Zeit des Schreckens und der Bedrohung. Schwere Bombardierungen des Hafens im 2. Weltkrieg. War ja nicht weit weg! Zum Glück fiel hier keine Bombe – auch nicht versehentlich.

Wiederum gab es längere Zeit Lärm und Belästigung: 1961/62 wurde gegenüber das Ernst-Barlach-Haus erbaut. Dieses Museum wird sehr frequentiert, wie ich von hier gut beobachten kann.

Zwar war ich nicht kriegsbeschädigt, aber der Zahn der Zeit hatte an mir genagt. 1972 mußte ich mich einer schweren Operation unterziehen. Der bekannte Baumchirurg Maurer aus Nürnberg, seinerzeit der erste und einzige seiner Zunft, operierte mich höchstpersönlich. Mein Stamm hatte ein vier Meter hohes Riesenloch. Aushöhlung, Säuberung, Stahlkorsett. War scheußlich, glauben Sie mir! Immerhin: seit mehr als 20 Jahren lebe ich ganz gut mit meiner Eisenstütze.

Ja, ja, ich weiß, es gibt jetzt schönere Bäume als mich. Aber nach wie vor bin ich der älteste weit und breit. Fühle mich noch rüstig. Vielleicht lebe ich noch viele Jahrzehnte. Mit Glück sogar noch einige Jahrhunderte. Und auch SIE, meine Betrachter, dürfte ich überleben – so wie ich alle anderen meiner Besucher vom Kaiser bis zum Liebespaar, Prominente und nicht Prominente im Laufe der Zeit überlebt habe! Nichts für ungut ..."

Wir verlassen den uralten Recken und gehen den Weg ein kleines Stück zurück. Etwa 40 m nordöstlich vom Jenischhaus entfernt wächst direkt an einer Weggabelung:

12c

Stieleiche

Jenischpark
Klein Flottbek

12 d Die mächtige doppelstämmige Edelkastanie beim Jenischhaus

Großes Foto rechte Seite: Die Edelkastanie im vollen Herbst-Ornat (Foto: 1994)

Bei diesem auffälligen Baum trennt sich der Stamm dicht über der Erde in zwei Einzelstämme, von denen der eine einen Umfang von 3,05 m und der andere sogar von 3,50 m aufweist. Der eine Ast bedarf bereits einer Stütze durch eine kräftige Eisenstange.

Die Vermutung liegt nahe, daß diese prächtige Exemplar, eine der mächtigsten Edelkastanien in Hamburg, entweder von J. Booth in den ersten Jahren des 19. Jahrhunderts oder etwas später anläßlich des Baues des Jenischhauses 1833 gepflanzt wurde. Folglich wird diese Eßkastanie zwischen 150 und 200 Jahren alt sein.

Foto linke Seite: Der zweigeteilte Stamm der Edelkastanie

12e

Blutbuchen

Jenischpark
Klein Flottbek

Oben:
Die „Männerbuche". Dicht über der Erde erinnert der Stamm dagegen eher an Elefantenfüße
(Foto: 1994)

Wir gehen an der Vorderseite des Jenischhauses vorbei. Wenn wir an seine Westecke gelangt sind, erblicken wir in etwa 20 m Entfernung links von uns, Richtung Zaun:

12 e Zwei gewaltige Blutbuchen.

Beide Bäume sind aus Pfropfungen hervorgegangen. Sie zeichnen sich durch kräftig modellierte Ausbuchtungen aus. Die dem Haus am nächsten stehende Blutbuche hat darüber hinaus einen besonders weit ausladenden Stamm direkt über der Erde, der mit ein wenig Phantasie an Elefantenbeine erinnert. Die weiter oben am Stamm erscheinenden ausgeprägten Formen haben zu der Bezeichnung „Frauenbuche" geführt. Der Stammumfang dieses Exemplares beträgt 5,07 m. Wieder 20 m von diesem Baum entfernt zum Zaun hin steht eine weitere sehr starke Blutbuche: Umfang 5,90 m. Sie hat noch bizarrere Auswüchse.

Nach der gleichen Betrachtungsweise wie bei dem vorhergehenden Exemplar wird sie als „Männerbuche" wahrgenommen. Es ist gut möglich, daß beide Bäume etwa zur Zeit des Baues des Jenischhauses gepflanzt wurden.

Wenn wir uns jetzt quer durch den Park in seinen Ostteil begeben, dann stoßen wir weit im Südosten direkt am Weg, der zum Südostausgang Holztwiete (Elbchaussee) führt, auf eine Kuriosität. Sie wächst knapp 100 m von diesem Ausgang entfernt:

Großes Foto linke Seite:
Die „Frauenbuche"
(Foto: um 1980)

*Ein Bild-Vergleich: In gut 15 Jahren hat sich die **Birke in der Eiche** recht gut entwickelt.*

Kleines Foto: Ende der 70er Jahre, großes Foto: 1994

12f Birke liebt Eiche inniglich

Für viele Menschen ist diese Eiche mit der aus ihr herauswachsenden Birke einer der bekanntesten Bäume Hamburgs. Vor drei oder vier Jahrzehnten mag der Birkensamen in die breite Stammöffnung der Eiche geweht worden sein. Seitdem hat sich die Birke dort im Schutz des großen Baumes prächtig entwickelt, wie man auf den Fotos deutlich erkennen kann.

Es lohnt sich, den Jenischpark in Ruhe zu erforschen. Sie werden noch viele andere bemerkenswerte Bäume oder Baumgruppen entdecken. Einige von ihnen zeigen die folgenden Bilder.

12f

Diverse Bäume

Jenischpark
Klein Flottbek

Blutbuche zwischen Jenischhaus und Elbe (Foto: 1994)

Vor dem Jenischhaus steht eine der vielen kräftigen Eichen des Parks (Foto: 1992)

*Zwei stimmungs-
volle Bilder*

*Oben:
Eiche im Frühnebel
(Foto 1994)
Diese Solitäreiche wächst
im Ostteil des Parks, etwa
100 m nordöstlich der
„Birke in der Eiche".*

*Unten:
Rauhreif auf den
alten Eichen
(Foto: Winter 1989)*

Wir verlassen nun den Jenischpark durch den nordwestlich des Jenischhauses gelegenen Ausgang, überqueren die Straße und schlagen den ersten Wanderweg links zwischen den Häusern Baron-Voght-Straße 59 b und 63 ein.

Das Haus rechts des Wanderweges (Nr. 63, Seite 138) mit seiner Umgebung stellt ein historisches Kleinod dar. Es wurde 1794 als Gutshaus für Caspar Voght von seinem Architekten J.A. Arens erbaut. Der Teich war Viehtränke und diente außerdem als Zierde für das Gebäude.

Nach etwa 200 m sehen wir auf der rechten Seite den Derbypark (Springturnierplatz). Direkt vor den Pferdeställen, 3 m rechts von unserem Wanderweg ragt vor dem Zaun ein starker Baum auf, dessen Rinde eher an eine Eiche als an eine Esche denken läßt:

12g

Esche

Klein Flottbek

12 g Der Eschen-Patriarch am Klein Flottbeker Reit- und Springturnierplatz.

Wir befinden uns jetzt im ehemaligen Voghtschen „Westerpark".

Diese riesige gemeine Esche wächst auf der einstigen Hausweide von Voght.

Der Baum hat den für eine hiesige Esche enormen Umfang von 4,65 m, er mag zwischen 35 m und 40 m hoch und 200 bis 300 Jahre alt sein.

Früher gabelte er sich in ca. 8 m Höhe dreifach. Einer dieser drei starken Äste wurde vor einigen Jahren abgesägt.

Dieser gewaltige Eschenstamm läßt uns an eine Eiche denken (Foto: 1994)

Das ehemalige Gutshaus von Caspar Voght (Foto 1995)

Wir setzen unseren Weg fort und biegen dann links nach Süden ab. Auffällig sind hier überall die sehr kräftigen Eichen. In diesem Teil des Westerparks befanden sich zu Voghts Zeiten eine große „Fruchtbaumwiese“ und Versuchsfelder mit unterschiedlichen Kartoffelsorten. Rechts neben dem Wanderweg liegt ein neu freigelegter Quellteich. Übrigens hielt Voght dieses Gebiet für das schönste seiner gesamten „ornamented farm“.

Das rechts neben dem Wanderweg gelegene Baumschulgebiet wird von der Baumschule von Ehren aufgegeben. Es besteht nun die große Gefahr der Zersiedlung dieser schönen Landschaft. Eine Bürgerinitiative wehrt sich gegen die Bebauung mit stichhaltigen Argumenten. In der Tat sollte wegen seiner Einmaligkeit, des historischen Wertes und aus Gründen des Natur- und Landschaftsschutzes dieses schöne Gebiet unbedingt erhalten bleiben. Zersiedelt und versiegelt wurde und wird in Hamburg schon mehr als genug!

rechte Seite: Der Stamm der höchsten Sumpfzypresse Hamburgs (Foto 1995)

Wir setzen unseren Wanderweg gen Süden fort, überqueren die Straße Quellental, gehen durch den Wesselhoeftpark hindurch, halten uns hinter dem Teich links und gehen hinunter in die Straße Lünkenberg bis zur Straßenkehre. Vor der Kehre gehen wir 10-20 Schritte nach rechts. Wenn wir nun in Richtung Elbe schauen, sehen wir wenige Meter von uns entfernt, unten links an einem schmalen Pfad:

12h

Sumpfzypresse

Lünkenberg
Klein Flottbek

12 h Die höchste und älteste Sumpfzypresse Hamburgs

Der durch Höhe und mächtigen Stammumfang (5,50 m!) eindrucksvolle Baum fand an dieser Stelle ideale Bedingungen, denn einst floß hier ein Bach vom Quellental bis zur Elbe. Vielleicht wurde die Sumpfzypresse Mitte des vergangenen Jahrhunderts hier zusammen mit anderen Exoten gepflanzt. Auf Grund ihrer stattlichen Größe ist es aber auch denkbar, daß sie an diesem Ort schon zu einem früheren Zeitpunkt wuchs.

Um diesen Baum gab es eine lange Auseinandersetzung anläßlich der Bebauung des Lünkenbergs. Durch den Einsatz mehrerer engagierter Menschen konnte dieses in Hamburg einmalig große Exemplar einer Sumpfzypresse erhalten werden. Eine andere Sumpfzypresse, die hier gegenüber stand, soll einige Zeit nach der Bebauung abgestorben sein, da ihr Standort zu trokken geworden war.

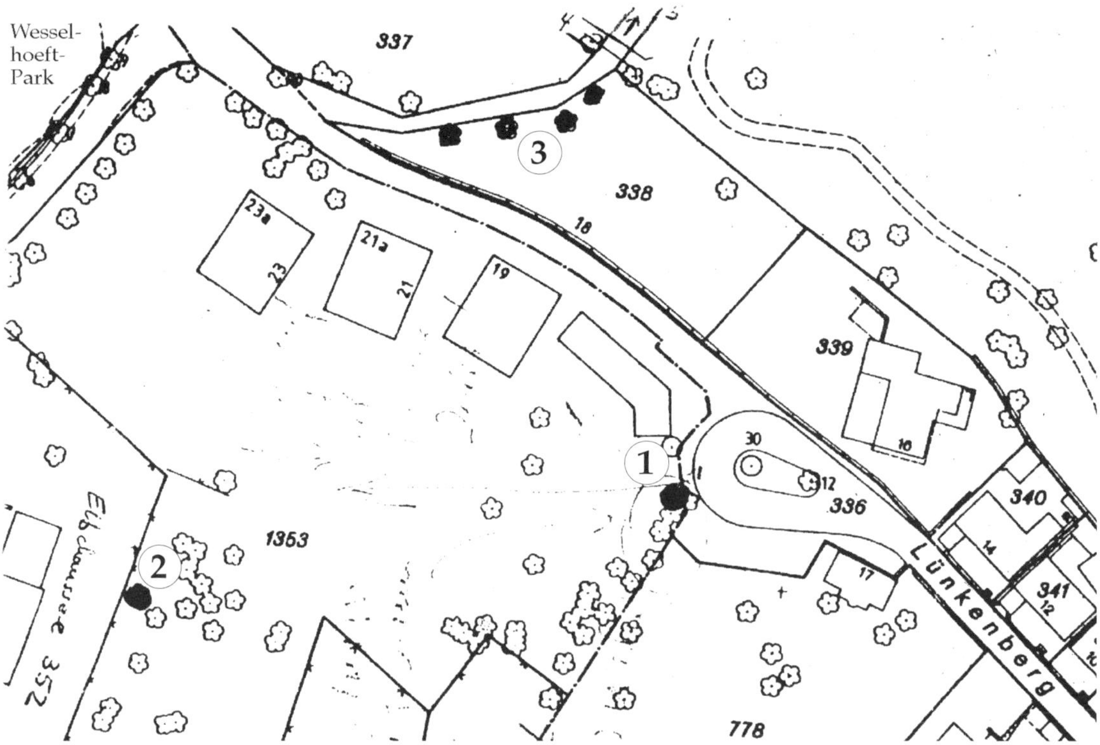

Kartenausschnitt:
Nr. 1: Sumpfzypresse
Nr. 2: Atlaszeder
Nr. 3: Himalaya-Zedern

Übrigens kann man bei genauem Hinsehen neben den Stämmen von Sumpfzypressen gelegentlich eine botanische Eigenart dieser Baumart entdecken: die „Atemknie" – etwas irreführend auch „Luftwurzeln" genannt. Es sind aufrechte Verlängerungen der unterirdischen Wurzeln, die wie kleine Zapfen aus dem Boden treten. Sie führen dem Baum zusätzliche Luft zu.

Schauen wir an der Sumpfzypresse vorbei, so fällt unser Blick auf:

12 i Die mächtigste Atlaszeder Norddeutschlands

Sie steht in einem Privatgarten gut 50 m von der Sumpfzypresse entfernt. Mit ihrer breiten Krone ist sie ein hübscher Blickfang und kann von etlichen Standpunkten, z.B. auch direkt vom

Elbuferweg auf der Höhe Elbchaussee 346/348, gut gesehen werden.

Dieser bemerkenswerte Baum wächst auf dem Grundstück Elbchaussee 352 direkt neben einem schönen Landhaus.

Der Grund und Boden einschließlich des nördlichen Geländes, wo heute der Teich liegt, gehörte ab 1730 der holländischen Familie van der Smissen. 1825 wurde er von Frau Sillem erworben, die 1826 das repräsentative Landhaus erbauen ließ. Eine Zeitlang hieß das Gebiet „Sillems Garten". In den folgenden Jahrzehnten wechselten die Besitzer. 1864 erstand Carl Wesselhoeft den Besitz. Er war es, der die Atlaszeder 1864/65 zusammen mit anderen exotischen Bäumen pflanzen ließ.

Das ehemalige Landhaus war für einige Jahre Altenheim. Dann wurde es von der Fa. MTM aufgekauft, die nicht nur das Gebäude sondern auch die Atlaszeder gründlich sanierte. Der Baum ist gesund und weist einen Umfang von 4,80 m auf. Es ist die größte Atlaszeder nicht nur in Hamburg, sondern im gesamten norddeutschen Raum.

12i

Atlaszeder

Klein Flottbek

Der sorgfältig restaurierte Stamm der Atlaszeder hat einen Umfang von 4,80 m (Foto 1995)

Wir gehen die Straße Lünkenberg bergan, links hinter dem Haus 23 a wird uns noch einmal ein schöner Ausblick auf die eindrucksvolle Krone der Zeder mit ihren zur Seite stehenden Tafelzweigen geboten.

Nach so vielen verschiedenen Baum-Individuen, die wir auf diesem Rundgang kennengelernt haben, mag ein kurzer Augenblick der Muße und Besinnung angemessen sein. Wenn wir in Ruhe auf die ferne Atlaszeder schauen, könnten wir jener Menschen dankend gedenken, die einst alle diese schönen Bäume pflanzen ließen oder gar selbst setzten. Uns und anderen Generationen haben sie damit eine bleibende Freude bereitet.

Wir könnten auch das folgende Gedicht genießen, das einer nahen Verwandten der Atlaszeder gewidmet ist:

Die Zeder des Libanon

Ich wachse langsam; meine Zeit
ist eine lange Geduldigkeit.
An jedem wachs' ich, was mir ward,
kein Reif zu jäh, kein Frost zu hart.
Ich wachs' am Dunkel, daraus ich stieg,
ich wachs' am Licht, darin ich mich wieg'.
Ich wachs' am Wurm, der an mir nagt,
ich wachs' am Sturm, der durch mich jagt.
Verwandelnd zwing' ich jede Kraft,
hinaufzudehnen meinen Schaft.
Ich dulde Blitz und Glut und Guß,
ich weiß nur, daß ich wachsen muß .....
(Ernst Bertram. Auszug)

Wir gehen den Lünkenberg weiter hinauf bis zur Höhe des Hauses 23 a. Hier schlagen wir scharf rechts einen kleinen Weg ein.

Rechts von ihm steht am Berghang:

12i

Atlaszeder

Klein Flottbek

Linke Seite:
Hoch ragt die Atlazeder...
Auch ihre Zeit ist eine
„lange Geduldigkeit"
(Foto: 1994)

12 j Die Gruppe der Himalaya-Zedern: ein Andenken an 1925.

Diese nicht sehr alten, aber bei uns seltenen Bäume sind insofern ein Andenken an 1925, als sie in jenem Jahr anläßlich der Jahrestagung der Deutschen Dendrologischen Gesellschaft gepflanzt wurden, die in Altona stattfand.

Die Gruppe der Himalaya-Zedern (Foto: 1994)

Wir setzen den Weg fort und unterqueren eine kleine Brücke. Links hinter dem Zaun wachsen eine Reihe schöner Bäume, und zwar vor allem alte Eichen. Das dazugehörige Gebäude heißt bezeichnenderweise „Eichberghaus". Rechts des Weges liegt der Privatbesitz der Familie Burchard.

12k

Eiche

Kanzleistraße
Klein Flottbek

Das Grundstück wurde 1840 von G.F. Vorwerk erworben. Bald darauf wurde das Haus gebaut. Durch den Zaun kurz hinter der Brücke kann man einen alten Ginkgo, eine Magnolie und einen im Frühjahr wunderhübsch lila blühenden Japanischen Kirschbaum erspähen. Natürlich gibt es weitere vom Zaun aus unsichtbare „Baumschätze" in dem dazugehörigen Park wie z.B. einen riesigen Tulpenbaum und eine sehr alte mehrstämmige Edel-Kastanie. Die beiden Letztgenannten sowie der oben erwähnte Ginkgo wurden wahrscheinlich in den 40er Jahren des vergangenen Jahrhunderts gepflanzt und wohl in der Baumschule des J. Booth erworben.

Zum Abschluß dieses Rundganges könnten Sie noch einen kleinen Schlenker gen Nordwesten in die Kanzleistraße machen.

12 k Kanzleistraße: Die robuste Eiche mit der runden, vollen Krone

Die robuste Eiche wuchs dort bereits, als Caspar Voght seinen Westerpark anlegen ließ

Dieser kräftige Baum steht am Schnittpunkt der Kanzleistraße mit der Karl-Jacob-Straße am südlichen Ende eines Grünstreifens zwischen beiden Straßen (gegenüber Kanzleistraße 43). Die Eiche hat einen Umfang von nicht ganz 5 m. Sie mag 300 Jahre alt sein und wuchs dort bereits, als Caspar Voght seinen Westerpark anlegen ließ.

Diese Stieleiche hat einen gedrungenen kräftigen Stamm, von dem in etwa 3 m Höhe mehrere starke Äste abgehen. Foto siehe nächste Seite.

Von diesem letzten Baum unseres 12. Rundganges ist es nicht mehr weit zur S-Bahn Klein Flottbek bzw. zum Bus 115.

Die robuste
Eiche in der Kanzleistraße
im Herbst 1994

13 Der Hirschpark

Verkehrsverbindung: Schnellbus 36 bis Mühlenberg oder S-Bahn Blankenese. (Vom S-Bahnhof Blankenese führt Sie ein 10 minütiger Fußmarsch bis zum Eingang Hirschpark Mühlenberg/Gätgenstraße.)

Der Hirschpark wurde im wesentlichen von der Hamburger Kaufmannsfamilie Godeffroy gestaltet. 1786 erwarb Caesar IV. Godeffroy ein großes Anwesen, auf dem der Vorbesitzer A. Oldehorst ein umfangreiches Landgut errichtet hatte.

Die Familie Godeffroy kaufte einen großen Teil der Umgebung und ließ sie aufforsten. Der Hirschpark wurde als englischer Landschaftspark angelegt.

13a

Blutbuche

Hirschpark Nienstedten

Die knorrige Riesen-Blutbuche im Hirschpark ist leider nicht mehr die gesündeste (Foto: Herbst 1994)

Dieser schöne und besuchenswerte Park erfreut uns mit einem besonders alten Baumbestand. Unter ihnen sind etliche alte Eichen und hochgewachsene Rotbuchen hervorzuheben. Am berühmtesten sind jedoch die urige Blutbuche, die Doppel-Lindenallee und der gewaltige Bergahorn.

Wenn wir den Park am Eingang Mühlenberg betreten, so sehen wir sehr schnell zu unserer Rechten das strohgedeckte Haus mit der beliebten Witthüs-Teestube. An der linken Seite des Hauses finden wir eine Gedenktafel für Hans Henny Jahnn, der mehrere Jahre in diesem Haus lebte. Jahnn, dessen 100. Geburtstag am 17.12.94 in Hamburg relativ aufwendig gefeiert wurde, war ein vielseitig begabter Mensch. Am bekanntesten ist sein Riesenroman „Fluß ohne Ufer". Aber dieser Eigenbrötler war nicht nur Dichter und Dramatiker sondern gleichfalls Orgelbauer, Pferdezüchter, Architekt, Hormonforscher und Musiktheoretiker.

Er war wegen seiner unkonventionellen Lebensweise immer ein Bürgerschreck und Außenseiter. Von vielen wurde er als Spinner abgetan. Seine Themen jedoch sind auch heute hochaktuell: er prangerte die Verwüstung der Natur an, protestierte gegen die Atomkraft, setzte sich für den Pazifismus ein. Hans Henny Jahnn verstarb 1959.

Nicht einmal 100 m südlich der Gedenktafel steht das 1789-1792 für Godeffroy erbaute Landhaus, in dem sich heute die Lola-Rogge-(Tanz-)Schule befindet. 40 m davor wächst:

13 a Die riesige Blutbuche: knorrig, verwachsen und voller Ausbuchtungen.

Dieser urige Baumveteran mit seinem formenreichen Stamm wird auf 220 Jahre geschätzt – für eine Buche ein biblisches Alter. Der Stammumfang beträgt 7,14 m ! Ihr prächtiges Laubwerk hat von oben nach unten und von links nach rechts etwa gleiche Ausmaße: jeweils rund 30 m (Foto Seite 147).

Leider leidet dieser schöne Riese seit einigen Jahren unter Altersschwäche und -krankheit. Wen wundert es bei so vielen Jahren auf dem Stamm!

40 m östlich dieser Blutbuche beginnt ein Wanderweg. Er führt direkt in:

Rechte Seite: Feine Nebelschleier an einem frühen Morgen im März 1990. Vorne links: Bergahorn. Dahinter: die Lindenallee

13 b Die Doppel-Lindenallee mit 60 Bäumen

13b

Lindenallee

Hirschpark Nienstedten

Diese – nicht ganz durchgehend vierreihige – Lindenallee wird aus 60 sehr hohen Linden gebildet. Die meisten von ihnen wuchsen dort bereits, als Godeffroy das Anwesen kaufte.

Diese prachtvolle Allee ist in Hamburg einmalig und besticht durch den hohen Wuchs der Linden. Eine ganze Reihe dieser Bäume weist einen Umfang zwischen 3,20 und 3,70 m auf.

Kurz hinter dem östlichen Ende der Lindenallee steht gleichsam als krönender Abschluß der bekannteste und meistfotografierte Baum der Hansestadt: der wunderschöne Bergahorn.

Der Bergahorn im Sommer 1994

13 c Ist Hamburgs ältester Bergahorn gleichzeitig Hamburgs schönster Baum ?

Diese Frage kann man ohne Erröten bejahen, wenn von sehr alten Bäumen die Rede ist, wenngleich die Eiche im Sola-Bona-Park (Nr.9) eine ernste Konkurrenz für ihn ist.

Der Bergahorn begeistert durch seinen gleichmäßigen Wuchs und die gewaltige Krone, die wie eine schön geformte Halbkugel aussieht. Von Ferne betrachtet mag dieser Baum manche/n Betrachter/in auch an einen Pilz erinnern. Treten wir dichter heran, so sehen wir, daß sich aus seinem Stamm wenige Meter über der Erde die einzelnen starken Äste wie ein gewaltiger

Im Herbst verwöhnt uns der Bergahorn mit den kräftigen Farben seiner Blätter (Foto 1994)

Blumenstrauß entfalten. Wie bei vielen Ahornarten ist seine herbstliche Laubfärbung besonders intensiv. Dann überwiegt ein kräftiges Gelb.

Sein Alter beträgt gut 200 Jahre. Wahrscheinlich wurde er von Godeffroy gepflanzt. Vielleicht stand er dort bereits als junger Baum. Stammumfang : 6,40 m.

Gegenüber dem Bergahorn befindet sich das Damwildgehege, in dessen unmittelbarer Umgebung weitere bemerkenswerte Bäume – insbesondere alte Eichen – anzutreffen sind.

Wenn Sie noch eine eindrucksvolle kräftig gewachsene Rotbuche betrachten wollen, so verlassen Sie den Park am Ostausgang und gehen noch ein kleines Stück bis zur Elbchaussee 453. An der Ostseite des Grundstücks direkt am Zaun ragt ein wahrhaft mächtiges Buchenexemplar in den Himmel: wahrscheinliches Alter 220 Jahre.

Der Baum wurde schon saniert und wird Jahr für Jahr gewissenhaft von einem Fachmann auf seinen Gesundheitszustand untersucht.

Wenige Schritte hinter diesem Grundstück befindet sich die Haltestelle des Schnellbusses 36.

Von links nach rechts: Blätter und Früchte („Nasenkneifer“) von Berg-, Spitz- und Feldahorn

13c

Bergahorn

Hirschpark Nienstedten

Beim unbelaubten Bergahorn ist seine Struktur besonders gut erkennbar (beginnender Frühling 1970)

Eine Einstimmung auf den tapfersten Baum Hamburgs (s. Seite 175). Tagein tagaus erträgt er 100.000 vorbeirauschende Kraftfahrzeuge! (Foto: 1994)

● Östlich der Alster und Hamburgs Süden

14 An der Oberalster von Fuhlsbüttel nach Wellingsbüttel

14 a Die hohle Schwarzpappel vom Jensenknick: einst höchster Baum Fuhlsbüttels – jetzt Freund der Kinder auf der Alsterwiese

14a

Schwarzpappel

Alsterwiese Fuhlsbüttel

Wir beginnen unsere Wanderung am U-Bahnhof „Klein-Borstel“. Ein schöner Wanderweg führt uns an der Oberalster gen Norden. Der kürzeste Weg ist jedoch die Wellingsbüttler Landstraße. Nach etwa 10 Minuten Fußmarsch, auf der Höhe der Wellingsbüttler Landstraße Nr. 75, biegen wir links zur Alster ab und stoßen gleich auf den Spiel- und Grillplatz Alsterwiese. Dort befindet sich der „Liegeort“ eines gewaltigen Baumstammes.

Er gehörte einer riesigen Schwarzpappel, die bis zum März 1993 am Jensenknick/Hermann-Löns-Weg stand. Mit einer Höhe von ca. 30 Metern war sie einer der höchsten Bäume Fuhlsbüttels. Ihr Stammumfang betrug fast 7 Meter dicht über dem Erdboden, ihr Alter wird auf mindestens 150 Jahre geschätzt.

Nach getaner Arbeit…
(Foto: März 1993)

Leider war der Baum hohl und mußte gefällt werden. In der Gartenbauabteilung hatte man die glänzende Idee, diesen eindrucksvollen Stamm nicht sang- und klanglos verschwinden zu lassen, sondern ihn zum Spielplatz Alsterwiese zu transportieren und für die Kinder zum Spielen herzurichten. Die Kinder sind begeistert von dem alten Riesen!

Wir gehen jetzt den Alsterwanderweg flußaufwärts vorbei an dem linksliegenden UHC-Sportplatz, bis wir nach einiger Zeit auf der rechten Seite etwa 100 Meter vom Weg entfernt sehr

Der Vergleich mit dem 1,65 m großen Julian macht die umfangreiche Basis der Schwarzpappel deutlich

versteckt ein hochherrschaftliches Gebäude sehen (Wellingsbüttler Weg 71). Wir schlagen einen kleinen Pfad nach rechts ein. Rechterhand, also hinter dem Gebäude, am Rande auf einer großen Rasenfläche steht:

14 b Die schiefe Edel-Kastanie vor dem Wellingsbüttler Herrenhaus

14b

Edelkastanie

Wellingsbüttel

Der Baum mit seinem kräftigen Stamm (Umfang 4,62 Meter) fällt durch seine deutliche Schieflage auf (Foto Seite 158). Wir können davon ausgehen, daß er mindestens ein Jahrhundert alt ist. Vielleicht wurde er um 1888 gepflanzt, als die Witwe des Bankiers Behrens das gesamte Wellingsbüttler Gut kaufte. Sie war es übrigens, der das Herrenhaus sein heutiges Aussehen verdankt. Sie beauftragte den berühmten Architekten Martin Haller, das Herrenhaus um eine zweite Etage aufzustocken.

Es ist allerdings auch möglich, daß die Edel-Kastanie zu einem früheren Zeitpunkt gepflanzt wurde, zumal das Wellingsbüttler Gut mehrfach den Besitzer wechselte.

Die Familie Kurtzrock machte sich sehr um den prächtigen Baumbestand auf dem Gutsgelände verdient

Das Herrenhaus wurde 1750 auf Initiative des damaligen Eigentümers Theobald von Kurtzrock erbaut. Die Kurtzrocks waren eine sehr wohlhabende Adelsfamilie, die das Gut 1673 erwarb und vier Generationen lang leitete. Sie machte sich u.a. um den prächtigen Baumbestand auf dem Gutsgelände verdient.

Wir gehen um das Herrenhaus herum (dort bietet das Hansa-Kolleg seit 1963 die Möglichkeit, das Abitur auf dem zweiten Bildungsweg zu erwerben), und kommen zu dem 1757 von dem bekannten Baumeister Georg Greggenhofer errichteten Torhaus.

Dieser reizvolle Fachwerkbau besticht durch seine harmonische Gliederung. In einem Flügel befindet sich das Alstertalmuseum. Es wird vom Alsterverein unterhalten, der 1900 gegründet wurde und seitdem in vielfältiger Weise kulturell aktiv ist.

Wir gehen vom Torhaus durch die Allee mit den vielen großen Linden in die Friedrich-Kirsten-Straße hinein, bis wir rechts einen kleinen Teich erblicken. Nun biegen wir von der Friedrich-Kirsten-Straße nach links ab und schlagen einen Wanderweg ein, der mit einigen Abstufungen beginnt und abschüssig zur Alster führt. Nach etwa 50 Metern steht direkt links an diesem Wanderweg:

Die schiefe Edelkastanie vor dem ehemaligen Herrenhaus, s. Seite 157 (Foto: 1994)

14 c Der Eichen-Methusalem zwischen der Friedrich-Kirsten-Straße und dem Alsterwanderweg

Nein, diese Eiche mit dem beträchtlichen Stammumfang von 6,11 Metern ist keine Schönheitskönigin. Aber sie kann mit ihrem geschätzten Alter von knapp 400 Jahren von sich in Anspruch nehmen, die viertälteste ihrer Art in Hamburg zu sein. Außerdem gehört sie zu den zehn ältesten hanseatischen Bäumen überhaupt. Als junger Baum stand dieser Methusalem ebenso wie Wellingsbüttel übrigens auf dem Areal des Kirchspiels Eppendorf. Erst nach dem Dreißigjährigen Krieg kam Wellingsbüttel zum Kirchspiel Bergstedt.

1982 wurde eine umfangreiche baumchirurgische Behandlung durchgeführt, um dieses markante Baumdenkmal im Alstertal zu erhalten.

Die Rückfahrt ist problemlos mit der S-Bahn von dem in der Nähe liegenden Bahnhof Wellingsbüttel möglich.

14c

Eichen-Methusalem

Beim Alsterwanderweg, Wellingsb.

Der sanierte Eichen-Methusalem (Foto: 1994)

15 Entlang der Wandse: Holzmühlenstraße – Eichtalpark Botanischer Sondergarten

Im langen Leben des Baumes waren die beiden Badeanstalten nur eine flüchtige Episode

Verkehrsverbindung: Bus 164, 262 (Holzmühlenstraße); Bus 165 (Walddörferstraße).

Wenn wir von der Wandse-Brücke/Holzmühlenstraße flußaufwärts schauen, fällt unser Blick auf die etwa 30 Meter halbrechts stehende gewaltige Schwarzpappel.

15 a Um die Jahrhundertwende bereits Wächter der „Neuen Badeanstalt“: Die dickste Schwarzpappel Hamburgs – Stammumfang 7,45 Meter!

Dieser mächtigsten hanseatischen Schwarzpappel kann ein Alter von 160 – 200 Jahren zugesprochen werden. Daß sie bereits um die Jahrhundertwende ein sehr respektabler Baum war, belegen Foto und Zeitzeugen. So berichtete die 1994 verstorbene Frau Olga Harten, Jahrgang 1896, daß sie als zehn- bis zwölfjähriges Mädchen häufig die Badeanstalt an der Wandse besucht hatte. Besonders gut konnte sie sich noch an die Umkleidekabinen aus Holz, das Bademeisterehepaar Zobel, den Eintrittspreis von zwei Pfennigen und an den „großen Baum“ am Eingang der Badeanstalt erinnern.

Seit 1843 gab es hier bereits eine Badestelle. Die „Neue Badeanstalt“ – ein sechseckiger Bau mit hölzernen Galerien – wurde um die Jahrhundertwende eröffnet und 1923 geschlossen. Die Pappel war für beide Badeanstalten immer ein mächtiger Wächter – im Leben des Baumes waren sie dagegen nur zwei flüchtige Episoden.

Nebenbei bemerkt ist es für uns heute kaum vorstellbar, wie betriebsam es einst an der Wandse zuging: an ihren Ufern arbeiteten allein acht verschiedene Mühlen. Eine von ihnen war die Holzmühle, in der farbige tropische Hölzer wie Brasilholz

15a

Schwarzpappel

Holzmühlenstraße
Wandsbek

Der wuchtige Körper der größten Hamburger Schwarzpappel (Foto: 1995)

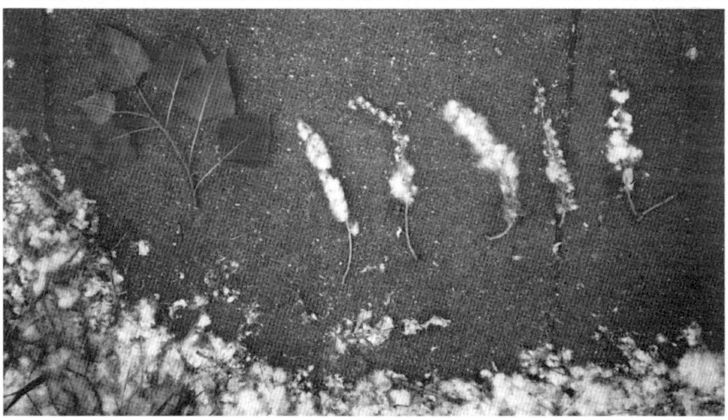

Die Früchte des Baumes. Die weißen „Flocken“ heißen im Volksmund auch „Sommerschnee“.

Die Neue Badeanstalt um 1900. Schon damals war die Schwarzpappel (hinten links) ein respektabler Baum.

gemahlen wurde, um daraus Farbstoff zu gewinnen.

Wir verlassen den Giganten und gehen flußaufwärts bis zum Eichtalpark.

Rechte Seite: Die Trauerbuche (Hängebuche) mit der auffälligen breiten Krone (Foto: etwa 1990)

15 b Eichtalpark: keine Spur mehr von den Namensgebern des Parks – den „Gerber-Eichen“.

1830 kaufte Lucas Luetkens die Holzmühle und änderte sie zur Gerbermühle für seine bedeutende Lederfabrik. Ein Jahr später betrieben seine Söhne Christian und Caspar eine umfangreiche Gerberei. Um die erforderlichen Gerbstoffe zu gewinnen, pflanzte die Familie (100 ?) Eichen in ihrer Garten- und Parkanlage, die viele Jahre später in den heutigen Eichtalpark einbezogen wurde.

Diese „Gerber-Eichen“ oder besonders alte Bäume werden Sie vergeblich im Eichtalpark suchen. Allerdings pflanzte das Gartenbauamt vor etwa 40 Jahren verschiedene Eichenarten – u.a. schlitzblättrige – an, um dem Namen Eichtalpark gerecht zu werden.

Wir betreten nun den Park. Direkt links am Wanderweg – ca.

15b

Trauerbuche

Eichtalpark Wandsbek

Der verwachsene Stamm der Trauerbuche aus der Nähe betrachtet (Foto 1995).

30 Meter hinter einer kleinen Brücke – macht eine schöne **Trauerbuche (Hängebuche)** auf sich aufmerksam. Trauerbuchen sind die hängende Form der Rotbuche. Der Stammumfang dieses Exemplares beträgt 3,60 Meter. Sie wird zwischen 60 und 90 Jahren alt sein.

Der Baum gefällt durch seinen interessanten Wuchs und die hübsche, außergewöhnlich breitflächige Krone. Stellt man sich einmal neben den Stamm, der sich in vier Meter Höhe in mehrere verwachsene und knorrige Stark-Äste teilt, dann fühlt man sich wie in einem Riesen-Zelt.

Durchaus sehenswert ist auch das „Gegenüber“ der Trauerbuche: das schöne „Restaurant zum Eichtalpark“, vor dem eine Gruppe recht stattlicher **Eiben** wächst. Die größten weisen Stammumfänge zwischen 1,05 Metern und 1,30 Metern auf.

Wir setzen unseren Weg entlang der Wandse fort. Wenige Schritte hinter dem Sportplatz Wandsetal beginnt:

15c

Botanischer Sondergarten

Wandsbek

15 c Der Botanische Sondergarten

Direkt hinter dem Sportplatz liegt ein Teil des Botanischen Sondergartens, und zwar der Botanische Schulgarten. Er wurde bereits 1926 auf Anregung der Wandsbeker Lehrervereinigung angelegt. Er ist in erster Linie ein sehenswerter Blumengarten mit zahlreichen Blumenarten und einigen Stauden. Zum großen Teil sind die Pflanzen mit ihrem Namen gekennzeichnet.

Wenn Sie den Schulgarten durch die erste Pforte links hinter dem Sportplatz betreten, 50 Meter geradeaus, dann den ersten Weg links weitere 30 Meter entlanggehen, treffen Sie direkt linkerhand vom Weg auf den interessantesten Baum dieses Gartens. Es handelt sich um einen **Korkbaum** (Phellodendron armurense), dessen Heimat Nordchina und die Mandschurei sind.

Dutzende von seltenen Baumarten werden Sie entdecken können

Wenn Sie den Schulgarten durch dieselbe Pforte verlassen, durch die Sie ihn betreten haben, wird Ihnen links wenige Meter von der Brücke am Wasser eine kräftige **Schwarzerle** (Umfang 2,80 Meter) auffallen. Unübersehbar ist ebenfalls eine alleinstehende schöne **Trauerweide** (3,20 Meter Umfang), die unmittelbar hinter der Brücke links steht.

Überqueren Sie nun die Brücke und folgen Sie dem Wanderweg bis zum Ölmühlenweg, dem Ende des Botanischen Sondergartens. Dort werden Sie Dutzende von seltenen Baumarten entdecken können. Ich nenne Ihnen nur ein kleine Auswahl: Katsurabaum, Geweihbaum, Schnurbaum, Schwarznuß, Amberbaum, Urweltmammutbaum, Japanische Lärche, Sumpfeiche.

Leider sind nur sehr wenige dieser Bäume gekennzeichnet. Im Bezirksamt Wandsbek gibt es eine detaillierte Karte, auf der alle Bäume des Botanischen Sondergartens eingezeichnet und mit deutschen sowie lateinischen Namen versehen sind. Vielleicht könnten die Bäume in absehbarer Zeit – ggf. in Zusammenarbeit mit der benachbarten Schule oder dem Botanischen Verein – mit ihren Namen gekennzeichnet werden?

Rückfahrmöglichkeit: Ölmühlenweg (Bus 164, 262).

Abschließend möchte ich Sie auf zwei bemerkenswerte Wandsbeker Bäume hinweisen, die nicht weit entfernt von der hier beschriebenen Wanderstrecke wachsen: in der Schädlerstraße 24, hinter der Polizei-Revierwache 37, steht eine mächtige **Blutbuche** (Umfang 6 Meter) und neben dem Haus Kattunbleiche 21 finden Sie im Vorgarten eine große **Gleditschie** (vgl. 2 a).

16 Hammer Park – Rauhes Haus – Bauerberg

16a

Linde

Hammer Park
Hamm

Verkehrsverbindung: Hammer Kirche (U 3); Beim Hammer Marktplatz (Bus 116)

Das Gebiet des Hammer Parks ist ein Rest des einst zum „Hammer Hof" gehörenden englischen Gartens. Diesen hatten die Familien Chapeaurouge und Sieveking im 18. und 19. Jahrhundert anlegen lassen. Das heutige Parkgelände entstand in den Jahren 1914–20.

Da Napoleons Marschall Davout 1813/14 den gesamten Hammer Hof mit Gebäuden und Bäumen niederbrennen und abholzen ließ, um ein freies Schußfeld vor den Toren der Festung Hamburg zu bekommen, suchen wir nun in diesem Teil der Hansestadt vergeblich nach uralten Bäumen – mit einer Ausnahme: erfreulicherweise blieb wenigstens eine Linde von der Holzerei verschont.

16 a Hammer Park: die älteste Linde Hamburgs überstand sogar Napoleons Marschall Davout

Sie finden diesen ehrwürdigen grünen Urahn, dessen Existenz seltsamerweise nur wenigen bekannt ist, indem Sie den Park an

Dieses Foto vermittelt einen Gesamteindruck der Linde (Mitte des Bildes) und ihrer Umgebung. Den mächtigen Stamm des Baumes sehen Sie auf der nächsten Seite . . . (Foto 1994)

Der dicke Stamm der alten Linde (Foto 1992).

Gleichwohl ist dieser Baum zweifelsohne Hamburgs dickste und älteste Linde

seiner Westseite am Hammer Steindamm betreten, und zwar durch einen Eingang, der gleichzeitig Rettungszufahrt ist und gegenüber der Straße Moorende liegt. Sie gehen nach links, schlagen nach fünf Metern den kleinen Weg nach rechts ein, der parallel zu dem rechterhand liegenden Sportplatzzaun verläuft. Nach ca. 150 Schritten beginnt rechts eine Rasenfläche. Sie folgen nun dem rechten Rand der Rasenfläche und treffen nach 50 Metern auf eine dicke Linde. Sie steht unmittelbar vor dem Sportplatzzaun und ist von einer kleinen Holzumzäunung umgeben.

Zu diesem Baum lautete 1975 die reißerische Überschrift in einer Hamburger Zeitung: „Im Hammer Park steht Deutschlands älteste Linde (7 Meter Umfang, 600 Jahre alt)".

Diese Zahlen halten einer gewissenhaften Prüfung nicht stand. Der Stammumfang beträgt heute – 20 Jahre später – 5,70 Meter. Da es eine Baumart wie „Schrumpflinde" nicht gibt, handelte es sich bei der zitierten Angabe um eine gröbliche Übertreibung. Dasselbe trifft wahrscheinlich für das Alter zu. Hier dürfte die Aussage „mindestens 350 – 400 Jahre" der Wahrheit eher entsprechen.

Gleichwohl ist dieser mächtige Baum zweifelsohne Hamburgs dickste und älteste Linde.

Vor etlichen Jahren wurde ihr morsches Inneres von Baumchirurgen entfernt. Trotz seines hohen Alters gedeiht dieser eindrucksvolle Baum-Veteran weiterhin prächtig. Halten wir ihn in Ehren!

Zu unserem nächsten historisch höchst interessanten Baum gelangen Sie über den Horner Weg stadtauswärts. Kurz hinter der U-Bahn Rauhes Haus halten Sie sich etwas südlich und treffen auf die Straße „Beim Rauhen Hause". Bei der Nr. 21 dieser Straße betreten Sie das Gelände durch eine Einfahrt.

16b

Maulbeerbaum

Rauhes Haus
Horn

Sie nehmen den ersten Weg rechts und schauen rechterhand gleich auf ein hübsches strohgedecktes Haus, das vor Jahren solide renoviert wurde. In ihm, der ehemaligen Gärtner-Kate, begann 1833 Johann Hinrich Wichern seine Arbeit für junge Menschen in Not. Hier stehen Sie an der Gründungsstätte der neueren Diakonie, die zum Vorbild für ähnliche Einrichtungen in ganz Deutschland wurde. Weitere Auskünfte zur Geschichte und den zahlreichen Aktivitäten des „Rauhen Hauses" können Sie auf einer großen Informationstafel unweit des strohgedeckten Hauses erhalten.

16 b Rauhes Haus: von 100 Maulbeerbäumen überlebte *„Einer"* – nunmehr 150 Jahre alt. Seidenraupenzucht gescheitert

Ein alter Baum, letzter Zeuge einer bemerkenswerten Geschichte

Schräg gegenüber vom strohgedeckten Haus, linkerhand von Ihnen, *liegt* unübersehbar ein alter Baum, letzter Zeuge einer bemerkenswerten Geschichte.

J.H. Wichern wollte für die ihm anvertrauten bedürftigen Kinder eine sinnvolle Arbeit schaffen und hatte die Idee, eine Seidenraupenzucht ins Leben zu rufen. Das Futter für Seidenraupen sind Blätter von Maulbeerbäumen. Für dieses Projekt wurden 1847 „mehrere 100 Stk. Maulbeerpflanzen" von Herrn Dr. Crusius auf Sahlis in Sachsen gespendet – so steht es geschrieben in „Fliegende Blätter 1847" (S. 192). Wenigstens einhundert dieser Bäume wurden gepflanzt – wahrscheinlich die kräftigsten.

Nach und nach gingen die Bäume ein. Den letzten warf in den 1980er Jahre ein Sturm um. Aber, oh Wunder, gleichsam als sollte dieses Exemplar Zeugnis ablegen für seine und der Seidenraupenzucht Historie, überlebte er liegend! Trotz seiner unge-

So stellt die Malerin Gerda Hein-Kalle den alten Maulbeerbaum dar … (Bild links, 1985)

Die Früchte von Maulbeerbäumen werden zur Reife fast brombeerschwarz. Hier die Beeren kurz vor der Reife, Algarve/ Portugal (Foto: 1994).

16b

Maulbeerbaum

Rauhes Haus
Horn

...und so sieht die Kamera den Maulbeerbaum (Foto: 1994)

wöhnlichen Position hat dieser 150 Jahre alte Kämpfer gegen die Unbilden des Lebens niemals aufgegeben: jedes Jahr grünt er, blüht er und trägt Früchte ...

Der Vorsteher des Rauhen Hauses, Pastor Ulrich Heidenreich, schrieb Mitte der 1980er Jahre eine besinnliche Betrachtung, die ich auszugsweise wiedergebe:

„Ist er ein Denkmal für gescheitertes Bemühen? Oder lebendiger Zeuge für die Spielräume der Phantasie, die wir brauchen, wenn es darum geht, anderen zu helfen?

Ich mag den alten Maulbeerbaum. Wenn ich ihn sehe, denke ich nicht ans Scheitern, sondern an den Versuch – an den Mut, Ungewöhnliches zu denken und zu wagen – auch wenn es unmöglich erscheint – auch wenn es belächelt wird. Und wenn es scheitert, hat die Phantasie der Liebe keine Grenzen – sie wagt ein Neues – sie gibt nicht auf.

Ich wünsche mir den Mut, immer wieder Neues, Ungewöhnliches zu wagen, um Menschen zu helfen und die Kraft, bei Irrtümern und Fehlschlägen nicht aufzugeben."

Maulbeerbäume sind in Hamburg nur vereinzelt anzutreffen. Ein besonders altes Exemplar (Morus alba, Weißer Maulbeerbaum), gut 110 Jahre alt, Stammumfang von zwei Meter wächst in der Harburger Eißendorfer Straße 26, im Vorgarten der dortigen Schule, bei deren Errichtung er gepflanzt wurde.

Früher soll unter der roten Blätterkrone der Buche ein Briefkasten gewesen sein

Wenn Sie ein wenig Muße haben, könnten Sie die Idylle am knapp einhundert Meter von dem Maulbeerbaum des Rauhen Hauses entfernten Teich auf sich wirken lassen. Sie finden hier ein kleines Paradies: das Wasser ist umgeben von Trauerweide, Trauerbuche, Blutbuche, Urwelt-Mammutbaum, Pyramidenpappel, Bergahorn, rotblühender Roßkastanie ... Zwischen dem Teich und dem alten Gebäude, in der die Jugendhilfeabteilung arbeitet, stehen stattliche Lärchen und ein mittelgroßer Tulpenbaum.

Wir verlassen dieses schöne Gelände und gehen die Straße Beim Rauhen Hause stadtauswärts weiter bis zur Ecke Bauerberg.

16 c Bauerberg: vom Briefkasten zum „Neuen Postamt" – die alte Blutbuche war Zeugin

Auf der Grünfläche zwischen den Straßen Beim Rauhen Hause und Bauerberg ragt das kupferfarbene Blätterdach einer 25 Meter hohen Blutbuche weithin sichtbar empor. Der Baum mit einem Umfang von 6,20 Metern ist schätzungsweise 170 Jahre alt. Er hat vermutlich das 18. Jahrhundert noch nicht miterlebt, als hier auf dem Geesthang östlich von Hamburg fast fürstliche Landhäuser, Villen und Prachtgärten entstanden. Der reiche Kaufmann de Harthoge war der Eigentümer einer dieser Gärten, über den 1745 ein Zeitgenosse zu berichten wußte, daß „er alle Hamburger Gärten an Schönheit, Pracht und Magnificence übertrifft".

Früher soll unter der roten Blätterkrone dieser Buche ein Briefkasten gewesen sein. Heute steht hier ein Neues Postamt.

Betrüblicherweise ist dieser hübsche Baum von Krankheit schwer gezeichnet. Teile des Stammes sind verwittert und verfault, in seinem morschen und bröckeligen Holz wuchern Pilze. Durch einen Sturm wurde ein großer Stark-Ast weggerissen.

Wie lange er uns mit seinen zigtausend roten Blättern noch erfreuen kann, ist unklar. Vielleicht nur noch fünf bis fünfzehn Jahre. ... leider! Aber *noch* lebt er!

Wenn wir die Straße Bauerberg in nördlicher Richtung hochgehen, stoßen wir sehr schnell auf den U-Bahnhof Horner Renn-

16c

Blutbuche

Bauerberg Horn

Die unbelaubte Blutbuche im April 1992 und …

… im Schmuck ihrer kupferfarbenen Blätter im Sommer 1995 (Farbfoto s. Seite 174)

bahn, von dem wir unsere Heimfahrt auch mit dem Bus 31 antreten können.

Eine Fahrt gen Süden:

17 Stillhorn – Naturschutzgebiet Heuckenlock – Neuland

17a

Robust-Pappel

Stillhorn

Leider benötigen Sie ein Kraftfahrzeug, um ihn aus der Nähe betrachten zu können:

17 a Der tapferste Baum Hamburgs: die verkehrsumtoste unerschütterliche Robust-Pappel bei Stillhorn zwischen sechs Autobahnspuren

Für mich ist diese Robust-Pappel ohne Frage der *tapferste* Hamburger Baum. Ein Monument der Standfestigkeit, Ausdauer und Robustheit – nomen est omen.

Stellen Sie sich vor: der Baum steht auf dem Mittelstreifen der vielbefahrenen A 1, auf der Höhe der Raststätte Stillhorn, links drei Autobahnspuren, rechts drei Autobahnspuren. Täglich brausen 100.000 Kraftfahrzeuge an ihm vorbei!

Zur besonderen Würdigung der tapferen Robust-Pappel hier die Gesamtansicht des Fotos, das auf Seite 154 schon einmal im Ausschnitt gezeigt wurde

„Lieber Baum, was bist Du bloß für ein Kerl!“

Schon 1936 beim Autobahnbau wuchs er an dieser Stelle. Wenn er seinerzeit mindestens 20 Jahre alt war, so wäre er heute gut 80 – für eine Pappel durchaus kein Jüngling mehr. 1963 sollte der Baum beim Ausbau der A 1 auf drei Spuren eigentlich gefällt werden. Dank des Einsatzes des damaligen Leiters der Autobahnmeisterei und einiger engagierter Mitarbeiter der zuständigen Gartenbauabteilung blieb der Baum stehen.

Ende der 70er Jahre wurde die Pappel zurückgeschnitten, um die Krone zu entlasten. Jährlich wird ihr ein kleiner Unterhaltsaufwand von 1.500,- DM zugebilligt, um ihre Gesundheit und gleichzeitig die Verkehrssicherheit zu erhalten.

Tagaus, tagein verabschiedet bzw. begrüßt diese Robust-Pappel zehntausende von Menschen, die Hamburg verlassen oder in die Hansestadt hineinfahren. Sicherlich werden sie viele noch nicht einmal wahrgenommen haben. Für zahlreiche Menschen ist sie, die Einsame, jedoch eine ständige Freude und Trost zugleich.

Zu Recht haben Publizisten diesem Baum schon häufiger einmal ihre Aufmerksamkeit gewidmet. So schrieb z.B. der ehemalige Chefredakteur von GEO, H. Schreiber, in einem Editorial (1991) u.a.:

„... Ich atme auf, wenn ich sehe, daß er wieder mal ein Jahr überstanden hat, 365 mal 100 000 vorbeidonnernde Kraftfahrzeuge. ... Mindestens nehme ich, wenn ich dort vorbeifahre, den Fuß vom Gaspedal und halte den Daumen hoch, zum Zeichen meiner Solidarität und zum Dank für die Ermutigung ...“

Der Journalist F. Förster schrieb vor fünf Jahren im Hamburger Abendblatt unter der Überschrift „Kumpel, Du bist baumstark“ fast einen Liebesbrief an die Robust-Pappel, den ich auszugsweise zitiere:

„Lieber Baum,

was bist Du bloß für ein Kerl! Du stehst da seit – laß mich schätzen – fünfzig Jahren und freust Dich Deines Lebens. Und genau darüber wundere ich mich ... Du bist der einzige Baum, den ich kenne, der mitten auf der Autobahn, also zwischen sechs Spuren, lebt ... Täglich ... 90.000 Auspuffrohre, aus denen Gift kommt – Kohlendioxid, Stickoxide, Teer und Ruß. ... und im Mai bist Du wieder grün. Ein Wunder. Bei dem Gift. Denn Du mußt ja auch atmen, wie wir Menschen. Du atmest durch Deine Blätter

Foto rechte Seite: Die älteste Ulme Hamburgs im Naturschutzgebiet Heuckenlock (Foto: etwa 1980)

und gibst uns Menschen obendrein noch den lebensnotwendigen Sauerstoff. Und wie danken wir Dir das? Mit Gift ...

Ich wünsche Dir noch ein langes Leben. Denn Du bist verdammt stark, Kumpel, das muß ich mal sagen."

17 b Im Naturschutzgebiet Heuckenlock: die 430 Jahre alte Flatterulme ist die älteste Ulme Hamburgs

17b

Flatterulme

NSG Heuckenlock Stillhorn

Verkehrsverbindung: Bus 151, 351 (Heuckenlock)

Das Naturschutzgebiet Heuckenlock ist etwa 3 km lang und 300–400 Meter breit. Es ist der letzte Tide-Auewald in Europa und mit mehr als 700 verschiedenen Pflanzenarten das artenreichste Pflanzenschutzgebiet der Hansestadt. Hier befindet sich der Standort von Hamburgs ältestem Pfaffenhütchenbusch

Wahrscheinlich stammt diese Eibe aus der Zeit der ersten Eindeichungen im 12. Jahrhundert

(„Spindelbaum"), der nachweislich 300 – 350 Jahre alt ist.

Wenn Sie auf dem Deich stehen und in das Schutzgebiet hineinsehen, so werden Sie etliche sehr hohe Bäume entdecken. Es handelt sich um verschiedene Pappelarten. Eine von ihnen, eine Robust-Pappel, soll einen Umfang von gut 6 Metern aufweisen und einer der höchsten hanseatischen Bäume sein.

Nachgewiesen ist, daß die bekannte Flatterulme mit einem Stammumfang von 6 Metern nunmehr 430 Jahre alt ist. Dieses mehrstämmige Riesenexemplar wächst am großen Priel, ungefähr auf der Höhe, wo der Moorwerder Westerdeich an den Süderdeich stößt.

Der außergewöhnliche Baum ist nicht nur die älteste Ulme, sondern gleichzeitig einer der zehn ältesten Bäume der Hansestadt.

Schräg gegenüber auf der anderen Seite der Elbe wächst ein weiterer Baum der Superlative:

17 c Am Neuländer Elbdeich steht Hamburgs ältester Baum: eine Eibe

Verkehrsverbindung: Bus 149 (Alte Schule)

Alle Experten sind sich einig, daß diese Eibe mit einem Umfang von ziemlich genau drei Metern und einer Höhe von knapp 10 Metern der älteste Baum Hamburgs ist.

Das genaue Alter ist natürlich umstritten. Die Schätzungen liegen zwischen 500 und mehr als 1000 Jahren. Überwiegend wird dem Baum aber ein Alter von 800 – 850 Jahren zugeschrieben. Wahrscheinlich stammt diese Eibe aus der Zeit der ersten Eindeichungen im 12. Jahrhundert.

Es ist der einzige Baum Hamburgs, der zum Naturdenkmal erklärt wurde, und zwar schon am 3.11.1936.

Im Hamburger Fremdenblatt vom 27.2.1934 wurde in einem ausführlichen Artikel auf dieses kostbare Exemplar aufmerksam gemacht. Der Bericht endete würdevoll-schwülstig wie folgt: „Es handelt sich um das vornehmste und ehrwürdigste Landeswappen des Kreises Harburg, um einen König unter den Eibenfürsten, der zu stolz und zu frei ist, eine andere Last zu tragen als seine Krone".

17c

Eibe

Neuländ. Elbdeich
Neuland

Sehr schön sind hier u. a. die diesjährigen Triebe der Eibe zu erkennen. Frisch und hellgrün – obwohl dieser Eiben-Urahn im wesentlichen durch den verbliebenen äußeren Rindenteil lebt!
(Foto: 1995)

Der urige Veteran wurde 1970 saniert. Dabei entfernte man zwei Eisenringe, die den gebrochenen Stamm zusammenhalten sollten. Die Ringe wurden vermutlich während der ersten Jahrzehnte dieses Jahrhunderts umgelegt. Sie schnürten die wenigen Wachstumszonen der Eibe ab.

Die noch intakten Stammteile wurden mit einer Stamminnenkonstruktion stabilisiert, so daß von der Eibe nur noch der äußere Rindenteil steht. Die nährstoff- und wasserleitenden Teile (Kambium, Bast und Rinde) sind nicht beschädigt, somit kann der Baum noch lange leben.

Eine Bemerkung zum Wachstum: in dem erwähnten Zeitungsartikel von 1934 schrieb der Autor, er habe den Umfang des Baumes mit 2,65 Metern persönlich gemessen. Genau 60 Jahre später ermittelte ich etwa 30 cm mehr. Wer wird den Umfang in wiederum 60 Jahren überprüfen ...?

Wir verlassen diesen eindrucksvollen Baumgreis und damit auch den letzten Baum unserer Rundgänge. Auf den folgenden Seiten werden Sie noch manch wertvolle Information finden sowie zwei Seiten („Lieblingsbaum" und „Was tun?"), die Sie zu eigenen Aktivitäten einladen.

Literaturverzeichnis

Verwendete und weiterführende Literatur

Adler, Helmut: Eppendorf – Leben und Wohnen im Hamburger Vorort, Hamburg 1976

Altonaer Zeitung Mai/Juni 1979 / Nachrichten des Altonaer Bürgervereins, Hamburg 1979

Borgmann, Sylvia: Caspar Voght und Klein Flottbek. Eine Park- und Stadtlandschaft unter Veränderungsdruck. In „Was nützet mir ein schöner Garten ..." s. Patriotische Gesellschaft von 1765. – Ebenfalls erschienen als Sonderdruck in der Zeitschrift „Der Heimatbote", vom Bürger- und Heimatverein Nienstedten e.V., Juli 1989

Brauer, Prof. Dr. Ludolph: Das Allgemeine Krankenhaus Eppendorf, Düsseldorf 1928

Bruhn, Jürgen: Öko-Report 2000, Wege aus der Umweltkatastrophe, Stuttgart/Wien 1994

Bürgerverein Flottbek-Othmarschen e.V.: Flottbek-Othmarschen einst und jetzt, Hamburg 1981

Bürgerverein Fuhlsbüttel-Hummelsbüttel-Klein Borstel-Ohlsdorf von 1897 e.V.: Fuhlsbüttel 1948-1977; der Alsterberg – letzter Zeuge dörflicher Vergangenheit, Hamburg 1977

Clasen, Armin: Fuhlsbüttel und Ohlsdorf, Hamburg 1963

Ehlers, Herwyn: Gärten & Parks in Norddeutschland, Hamburg 1994

Evangelische Studentengemeinde Hamburg (ESG): Versuch einer Spurensicherung, 1938-1988, Hamburg 1989

Fernau, Joachim: Die Genies der Deutschen, Frankfurt a.M./ Berlin 1994, 5. Aufl.

Fischer-Rizzi, Susanne: Blätter von Bäumen, München 1993, 6. Aufl.

Fleischhauer, Carl-Otto: Alte Eichen als Zeugen historischer Flureinteilungen, in: Berichte des Botanischen Vereins zu Hamburg, Heft 10, Hamburg 1989, S. 36-47

Förderkreis „Ottensen-Chronik" e.V.: Ottensen-Chronik, Hamburg 1994

Frank Baron Freytag von Loringhoven: Bäume in der Großen Stadt, IGA-Schriftenreihe, Hamburg 1963

Fröhlich, Hans Joachim: Alte liebenswerte Bäume in Deutschland, Hamburg 1989
Fröhlich, Hans Joachim: Wege zu alten Bäumen, Bd. 6, Schleswig-Holstein, Hamburg und Bremen, Kuratorium „Alte liebenswerte Bäume in Deutschland“ e.V., Wiesbaden 1994
Graf-Zwanzleitner, Claudia/Gliha, Rosa/Bittner, Sonja: Die Bäume im Luruper Weg, Gesamtschule Stellingen, Hamburg 1987
Grigat, Horst: Hamburg-Niendorf von der Steinzeit bis zur Gegenwart, Bd. I, Hamburg 1984
Grundmann, Günther: Jenischpark und Jenischhaus, Hamburg 1957
Haspel, Jörg: Planten un Blomen, in: „Was nützet mir ein schöner Garten ...“ s. Patriotische Gesellschaft von 1765
Hinke, Otto/Steinborn, Rudolf: Geschichten von Eidelstedt, Hamburg 1965
Homfeld, H.: Die Bäume der Elbchaussee, Abhandlung, Institut für allgemeine Botanik, Altona/Hamburg 1894
Hora, Bayard: Bäume der Welt. Eine Enzyklopädie, Stuttgart 1993, 2. Aufl.
Intersan: Ginkgo biloba, Geschichte eines Baumes, Ehlingen 1991
Knaak, Almut: Ginkgo biloba – ein Baum, der allen Stürmen trotzt. In: Zeitschrift natur, 2/92
Kommunal-Verein von 1889 in Groß Borstel r.V.: Groß Borstel – Vom Dorf zum Stadtteil, Hamburg-Groß Borstel 1989
Kulturbehörde Hamburg/Denkmalpflege: Historisches Grün und Denkmalschutz, Hamburg 1992
Mitchell, Alan: Die Wald- und Parkbäume Europas. Ein Bestimmungsbuch, Hamburg/Berlin 1979, 2. Aufl.
Müller/Hennicke: Wohlstand durch Vermeiden, Darmstadt 1994
Museum für Hamburgische Geschichte: Gärten, Landhäuser und Villen des hamburgischen Bürgertums, Hamburg 1975
Patriotische Gesellschaft von 1765: Was nützet mir ein schöner Garten ... Historische Parks und Gärten in Hamburg, Hamburg 1990
Die Patriotische Gesellschaft zu Hamburg 1765-1965. Festschrift.
Patriotische Gesellschaft 1765-1990. Hamburg 1991

Patzer, B. und U.: Das Gartenamt. Zeitschrift für Stadt und Grün. Stadtbäume in Hamburg – Erfassung, Bewertung, Sanierung. Heft 7/Juli 1991
Petersen, A./Eckstein, D./Liese, W.: Holzbiologische Untersuchungen über den Einfluß von Auftausalz auf Hamburger Straßenbäume. In: Sonderdruck aus „Forstwirtschaftliches Centralblatt", 101. Jahrgang, 1982
Poppendiek, Hans-Helmut: Botanischer Wanderführer rund um Hamburg, Hamburg 1991
Ringenberg, Jörgen: Analyse urbaner Gehölzbestände am Beispiel der Hamburger Wohnbebauung, Hamburg 1994
Roepke, Georg-Wilhelm: Zwischen Alster und Wandse, Hamburg 1985
Roszak, Theodore: Ökopsychologie. Der entwurzelte Mensch und der Ruf der Erde, Stuttgart 1994
Schnelting, Karl: Unsere Bäume. Der praktische Ratgeber zum ZDF-Programm „Von Bäumen und Menschen", München 1992 (Der große GU Ratgeber)
Schoell-Glass, Charlotte: Caspar Voght – Flotbek in ästhetischer Ansicht, Hamburg 1991
Schütt, Ernst Christian: Die Chronik Hamburgs, Chronik Verlag, Dortmund 1991
Schule Brödermannsweg 2: Schrift zum Jubiläumsjahr, Hamburg 1979
Sehrer, Henri: Eichen als Zeugen alter Flurgrenzen in Klein-Borstel. In: Jahrbuch des Alstervereins e.V., 1960, S. 27-37
Skrentny, Werner: Hamburg zu Fuß, Hamburg 1986
Sottorf, Hansen: Die Kollauer Chronik, Bd. I, Hamburg 1922
Stadtteilarchiv Hamm: Der Hammer Park zwischen Gestern und Heute, 2. Aufl. 1989
taz hamburg v. 26.2.1994 (ch): Ein Naturdenkmal nimmt Form an. Der Garten de l'Aigle in Eppendorf wird hergerichtet
Umweltbehörde Hamburg: Umweltatlas Hamburg 1994
Vester, Frederic: Ein Baum ist mehr als ein Baum, München 1986
Vieth, Harald: Hier lebten sie miteinander ... in Harvestehude-Rotherbaum. Jüdische Schicksale – Alltägliches – Heutiges, Hamburg 1994
Voigt, A.: Die botanischen Institute, Hamburg/Leipzig 1897
Waggerl, Karl-Heinrich: Heiteres Herbarium, Salzburg 1950

Weisser, Ursula: 100 Jahre – 1889-1989 – Universitätskrankenhaus Eppendorf, Tübingen 1989

Zwei Seiten für Ihren persönlichen Lieblingsbaum

Sie können ihn hier zeichnen, malen, sein Foto einkleben oder ein Gedicht über ihn schreiben.

Standort:

Baumart:

Raum für weitere Einzelheiten wie Alter, Umfang ...

Eine Bitte: Wenn Ihnen diese Seite besonders gut gelungen ist, senden Sie bitte eine Fotokopie an den Autor. (Harald Vieth, Hallerstr. 8, 20146 Hamburg) Danke!

Eine Fotodokumentation für die Zukunft: Hamburger Baumnachwuchs, gepflanzt 1994/95. Baumalter: 8-10 Jahre.

Untere Bildreihe von links nach rechts:
1. Lombardsbrücke (Linde)
2. Fernsichtbrücke (Linde)
3. Neue Rabenstraße 31, Vordergrund (Amerikanische Eiche)
4. Außenalster, Westseite, hinter Harvestehuder Weg 44 (Ginkgo)

Wie werden diese Bäume in drei, fünf, zehn Jahren bzw. in einigen Jahrzehnten aussehen?

Welches Alter werden sie maximal erreichen?

Kontrollieren Sie selbst.

Fotodokumentation für die Zukunft: Hamburger Baumnachwuchs

Oberes Foto: Stadtpark, Südring gegenüber Wiesenstieg. Es wurden insgesamt 12 Bäume gepflanzt (Silberahorn)

Was können wir tun?

Wir alle können – im Idealfall – auf mehreren Ebenen tätig werden. Politisch sind neue Ideen durchzusetzen: Vorschläge wie z.B. ein demokratisch gewählter Öko-Rat, der die Regierung berät und ein Vetorecht besitzt, Ökosteuern, Einsatz von erneuerbaren und umweltfreundlichen Energien sind erste Schritte in die richtige Richtung.

Wir können uns einmischen – nicht nur dadurch, daß wir konsequent ausschließlich Parteien wählen, die sich aktiv und nicht mit „Sprechblasen" für eine bessere Umwelt einsetzen ...

Auf der persönlichen Ebene ist sehr viel zu verändern. Wir müssen bei uns selbst anfangen mit dem Wort „weniger". Tips zum Sparen von Energie und Wasser, zum umweltbewußten Einkaufen oder zur gesunden Ernährung gibt es in Hamburg reichlich: HEW, Gas-Werke, Verbraucherzentralen, AOK, Umweltbehörde und zahlreiche Organisationen helfen weiter (s. Adressen). Wir können darüber hinaus Bürgerinitiativen und/ oder Umweltorganisationen durch Mitarbeit, Beiträge und Spenden unterstützen ...

Einige praktische Hinweise:

KorKampagne

Sammeln Sie Flaschenkorken (1,2 Mrd. wandern jährlich in der BRD auf den Müll): Ihre eigenen, die Ihrer Nachbarn, Verwandten, von Restaurants in Ihrer Nähe ... Die Korken werden zu Granulat verarbeitet und verkauft. Der Erlös wird u.a. für den Erhalt der Korkeichenbestände und den Kranichschutz in Spanien eingesetzt.

Information:

Naturschutzbund, Bezirksämter, Recycling-Höfe, GAL oder unter Tel. Nr. 4667-2617 (Umweltberatungsstelle).

Bäume

Fragen Sie bei den *Revierförstereien* oder den *Bezirksämtern* nach Pflanzmöglichkeiten.

„Hochzeitswäldchen" in Niendorf

Sie brauchen nicht zu heiraten, um hier einen Baum pflanzen zu können! Fordern Sie ein Informationsblatt bei der Umweltbehörde Hamburg an oder wenden Sie sich direkt an: Schutzgemeinschaft Deutscher Wald, Lokstedter Holt 46, 22453 Hamburg (Tel. 58 69 27).

Baumpatenschaften

Manche Organisationen bieten Baumpatenschaften an, wie z.B. der BUND, das Kuratorium „Alte liebenswerte Bäume", Wandersmannstr. 60, 65205 Wiesbaden-Erbenheim, oder RETTET DEN TROPENWALD e.V.

Aufforstung in Israel

Vielleicht haben Sie auch das Bedürfnis, Aufforstungen in ISRAEL zu unterstützen? Ein Setzling kostet 15,- Mark. Baumurkunden, die auch gut verschenkt werden können, sind auf Wunsch erhältlich.

Informationen – u.a. über den „Hamburger Wald": Frau Waltraut Rubien (DIG), Lerchenweg 12, 22880 Wedel, Tel. 04103/17189.

Auch die NaturFreunde unterstützen diese Aufforstungen („Ein Wald in Israel").

Was können wir *tun?*

Einige Hamburger Adressen

Arboretum (Baumgarten) Lohbrügge, Leuschnerstr. 91, 21031 Hamburg, Tel.: 7 39 62-1 (Bundesforschungsanstalt für Forst- und Holzwirtschaft)

Arboretum Marienhof(Poppenbüttel). Besuch nach tel. Anmeldung: 6 02 25 84, (Di. + Do. 9 – 12 h) oder 606 29 00

Baumschutz s. Gelbe Seiten, S. 56

Botanischer Verein zu Hamburg, Op de Elg 19a, 22393 Hamburg, Tel 601 60 53, Fax 600 71 60

BUND (auch Kinder- und Jugendgruppen), Landesgeschäftsstelle, Lange Reihe 29, 20099 Hamburg, Tel 24 44 11, Fax 280 19 46

Deutscher Jugendbund für Naturbeobachtung (DJN), Justus-Standes-Weg 14, 22337 Hamburg, Tel 50 67 64

Greenpeace e.V., Vorsetzen 53, 20450 Hamburg, Tel 311 86-0 sowie Schlüterstr. 81, 20146 Hamburg, Tel 410 49 42

Grüne/GAL, Landesgeschäftsstelle, Bahrenfelder Str. 244, 22765 Hamburg, Tel 39 15 78, Fax 390 46 62

NABU, Naturschutzbund Deutschland e.V. (auch Jugendgruppen; Buchladen), Habichtsstr. 125, 22307 Hamburg, Tel 61 66 64; 69 70 89-0, Fax 690 10 30

Naturschutzamt, Billstraße 84, 20539 Hamburg, Tel 788 00

Rettet den Regenwald e.V., Pöseldorfer Weg 17, 20148 Hamburg, Tel 410 38 04, Fax 450 01 44

Robin Wood e.V., Nernstweg 32, 22765 Hamburg, Tel 390 95 56

Schutzgemeinschaft Deutscher Wald (auch Waldjugend Hamburg e.V.), Lokstedter Holt 46, 22453 Hamburg, Tel 58 69 27, Fax 58 79 52

Stiftung Naturschutz Hamburg/Stiftung zum Schutz gefährdeter Pflanzen, Steintorweg 8, 20099 Hamburg, Tel 24 34 43, Fax 24 31 75

Umweltbehörde, Billstraße 84, 20539 Hamburg, Tel 788 00

Umweltberatung/Umwelttelefon einschl. Schadensmeldungen, Broschürenabgabe,Tel 34 35 36

Umweltberatung der Verbraucherzentrale Hamburg e.V., Gr. Bleichen 23, 20354 Hamburg, Tel 34 11 11

Umwelt- und Naturschutz, Div. Hamburger Organisationen, s. Gelbe Seiten S. 22

Umweltschutz: zahlreiche Tips, Hinweise, Organisationen, Firmen s. Gelbe Seiten, ab S.54

Diesem sturmgepeitschten Wacholder auf der kleinsten kanarischen Insel El Hierro wird ein Alter von tausend Jahren zugeschrieben, s. Seite 18 (Foto: 1992)

Liste der Baumnamen

Deutsch	*Lateinisch*	*Englisch*
Akazie, Falsche, s. Robinie		
Atlaszeder	Cedrus Atlantica (Endl.)	Atlas Cedar
Baumhasel	Corylus colurna L.	Turkish Hazel
Bergahorn	Acer pseudoplatanus L.	Sycamore
Bergulme	Ulmus glabra (Huds.)	Wych Elm
Blutbuche	Fagus atropunicea	Copper Beech
Christusdorn s. Gleditschie		
Edel-Kastanie (Echte K., Eß-K.)	Castanea sativa Mill.	Spanish Chestnut
Eibe	Taxus baccata L.	Common Yew
Eiche (Stieleiche)	Quercus robur L.	English Oak
Esche, Gemeine	Fraxinus excelsior	Common Ash
Espe, S. Zitterpappel		
Feldahorn	Acer campestre L.	Field Maple
Feldulme	Ulmus minor Mill.	Smooth-leaved Elm
Flatterulme	Ulmus laevis Pall.	White Elm
Flügelnuß (kaukasische)	Pterocarya fraxinifolia (Lamb.)	Caucasian Wingnut
Französischer Ahorn	Acer monspessalanum L.	Montpellier Maple
Ginkgo	Gingko biloba L.	Maidenhair Tree
Gleditschie	Gleditsia triacanthos	Honey-Locust
Hängebuche	Fagus pendula	Weeping Beech
Himalaya-Zeder	Cedrus deodora	Deodar
Kastanie (Roßkastanie)	Aesculus Hippocastanum L.	Horse-Chestnut
Linde, s. Winterlinde		
Maulbeerbaum, weiß	Morus alba	White Mulberry
Platane	Platanus acerifolia (Ait.) Willd.	London Plane
Robinie	Robinia pseudoacacia	Locust Tree
Roßkastanie, s. Kastanie		
Rotbuche	Fagus silvatica L.	Common Beech
Schnurbaum	Sophora japonica L.	Pagoda Tree
Schwarzpappel	Populus nigra L.	Blanc Poplar
Spitzahorn	Acer platanoides L.	Norway Maple
Stieleiche s. Eiche		
Sumpfzypresse	Taxodium distichum L.	Swamp Cypress
Trauerbuche s. Hängebuche		
Trompetenbaum	Catalpa bignonioides Walt.	Common Catalpa/ Indian Bean-Tree
Winterlinde	Tilia cordata L.	Small-leaved Lime
Zitterpappel	Populus tremula L.	Aspen

Liste der Baumnamen

Bildnachweis

Berichte des Bot. Vereins, Heft 10, 1989, Kartenbeilage: S. 97
Brackrock, Wulf: S. 71 oben
Costanzo, Andreas: S. 154/175
Edler, Kurt: S. 62
ESG: S. 51
Grigat, Horst: S. 106 links, oben
Helm, Günther: S. 65, 68, 132, 134 links, 153, 177
Hildebrandt GmbH, Klaus: S. 155
Hein-Kalle, Gerda: S. 170 oben
Institut für die Geschichte der Medizin (UKE-Hamburg): S. 89 rechts, unten
Lehmann, Geert: S. 35, 58, 63, 86, 103 links oben, 109, 111, 158, 159, 167, 174
Linden, Winfried/Schäfer, Renate: S. 18 links, oben
Krieger, Foto-Krieger: S. 103 unten (Gemälde von F. Beyler)
Meyer, Inez: S. 23
Möller, Max/Grigat, Horst: S. 104
Ordinariat für Holzbiologie der Universität Hamburg: S. 18 großes Foto
Padzior, Michael: S. 71 unten
Riedel, Mercedes: S. 163
Rüß, Wolf-Dieter: S. 78, 87, 89 links
Ruhnau, Günther: S. 191
Sarcander, Claus: S. 15
Schenck, Christof (Ettal): S. 20
Schlegel, Günther H.: S. 46, 95 oben, 113, 117, 120, 123, 127, 130, 131, 134 rechts, 135, 136, 142, 144,146,147, 149, 150, 151. Diese Fotos von G. Schlegel können erworben werden bei: G. Schlegel, Behringstr. 121, 22763 Hamburg, Tel. 040/880 40 40
Schule Brödermannsweg 2: S. 92
Staatsarchiv: S. 61 oben
Stübe, Hans Albert: S. 19 oben
Vieth, Harald: S. 18 unten, 29, 30, 33, 34, 37, 39, 42, 43, 44, 47, 50, 53, 55, 57, 59 unten, 60, 61 unten, 66, 67, 69, 70, 72-76, 77, 79, 82-84, 91, 93 unten, 99, 102, 105, 106 unten, rechts, 107, 114, 115, 119, 121, 133, 137, 138, 139, 141, 148, 152, 156, 164, 168, 170, 171, 173, 186, 187
Zapf, Michael: S. 179
Nicht angegebene Fotos: Privatbesitz oder Postkarte

Danksagung

Ich danke allen, die mich bei der Erstellung des Buches unterstützt haben. Informationen erhielt ich unter anderem von den Gartenbauabteilungen der Bezirksämter: von Herrn Bastaert, Hr. Bosien, Hr. Dietrich, Hr. Knitt, Hr. Münchmeyer, Hr. H.-J. Natorp und Hr. R. Stökl; weiterhin von den Professoren des Ordinariats für Holzbiologie: Hr. Dr. D. Eckstein und Dr. G. Seehann sowie von Hr. E. Braun-Egidius, Hr. G. Doobe, Hr. C.-O. Fleischhauer, Hr. Friedrich W. C. Mang, Hr. H-H. Poppendieck und Hr. J. Ringenberg.

Register

Sach- und Personenregister sowie Bäume ohne eigenes Kapitel (vgl. auch S. 193)

Register

Sponsoren dieses Buchs

Die Herstellung dieses Buchs war risikoreich, aufwendig und teuer. Mein herzlicher Dank als Autor und Verleger gilt den folgenden Sponsoren, die mir freundlicherweise einen Teil der Kostenlast abnahmen:

Stiftung Naturschutz – siehe auch Seite 190

Ein Echo

auf dieses Buch würde mich erfreuen.

Daher:
Ergänzungen, Anregungen, Kritik,
Verbesserungen
sowie
Hinweise auf weitere geschichtsträchtige,
sehr alte oder besonders bemerkenswerte Bäume in Hamburg und Umgebung
bitte schriftlich an:
Harald Vieth, Hallerstraße 8 ^{II}, 20146 Hamburg.

Ein zweites Buch „Hamburger Bäume"

wird voraussichtlich in einigen Jahren folgen,
sofern bei mir genügend Vorbestellungen
und „Sponsorangebote" eingehen.

Subskription

max. 35,– DM.

Vorbestellungen ab sofort schriftlich erwünscht.

Vielen Dank für Ihre Mitarbeit

Harald Vieth